中國美術分類全集

中國青銅器全集

9

東周3

中國青銅器全集編輯委員會　編

凡例

一　《中國青銅器全集》共十六卷，主要按時代分地區編排，力求全面展示中國青銅器發展面貌。

二　《中國青銅器全集》編選標準：以考古發掘品爲主，酌收有代表性的傳世品；既要考慮器物本身的藝術價値，又要兼顧不同的器種和出土地區。

三　本書爲《中國青銅器全集》第九卷，選錄東周齊、魯、燕、中山及一些東方小諸侯國青銅器精品。

四　本書主要內容分三部分：一爲專論，二爲圖版，三爲圖版說明。

目錄

東周時代齊、魯、燕、中山國青銅器研究

杜迺松

周平王東遷洛邑後，歷史進入東周時代。東周大致可分爲春秋（前七七〇年—前四七六年）、戰國（前四七五年—前二二一年）兩大時期。自西周晚期始，周王室日趨衰落，名存而實亡。到了東周，逐漸形成群雄紛爭，諸侯力政的局面。作爲中國古文物重要門類的青銅器也反映了上述的時代特性。

衆所周知，遺留至今的東周青銅器數量龐大，種類繁多，鑄造精美，這種情況的出現與當時政治經濟的發展有着緊密的聯繫。就青銅器的所屬國別而言，至今已發現數十個之多，僅郭沫若先生的《兩周金文辭大系圖錄考釋》一書即集錄『國別之器得國三十又二』。各諸侯國的青銅器對研究這一時代的政治史、經濟史、文化史、文字史、冶鑄史等各個方面都有着重要價值。

本文所要論述的主要是東周時代齊、魯、燕、中山以及一些東方小諸侯國的青銅器。大體說來，齊國在今山東北部和東部，魯國地處今山東西南部。在齊國西南和泰山以南等地區，還有一些小的諸侯國，如邾、滕、薛、費等國。燕國地處今河北北部和遼寧西部等地區。中山國位于今河北省中部的正定和平山一帶。有學者指出，齊魯及周邊小國屬齊魯文化圈，而燕與中山則屬北方文化圈。各大國的青銅文化都有較明顯的地域色彩，這充分說明東周時代諸侯國的勢力已大大增強。

一　齊國青銅器

周王朝最初分封的异姓諸侯中，以姜姓貴族最爲顯赫。姜齊立國後，憑借漁鹽之利，農工

商并舉，很快壯大起來。在整個周代，齊國始終是一個東方大國。然而，在春秋戰國之交的激烈社會變革中，保守的姜齊統治最終却爲新興的田齊政權所取代。

史載，自齊獻公元年（前八五九年）『徙薄姑都』而『治臨淄』①，至公元前二二一年秦滅齊止，臨淄一直是齊國國都。《戰國策．齊策一》稱，『臨淄之中七萬戶，……臨淄甚富而實，其民無不吹竽、鼓瑟、擊筑、彈琴、鬥雞、走犬、六博、蹋踘者；臨淄之途，車轂擊，人肩摩，連衽成帷，舉袂成幕，揮汗成雨；家敦而富，志高而揚。』由此可見，以國都臨淄爲中心的齊國社會經濟與文化是多麼的發達。

百餘年來，在臨淄齊國故城（插圖一）以及故齊疆域內，發現了衆多的齊國遺址、墓葬和大量的文物，爲我們印證文獻，研究齊國的歷史與文化，提供了豐富的實物資料。

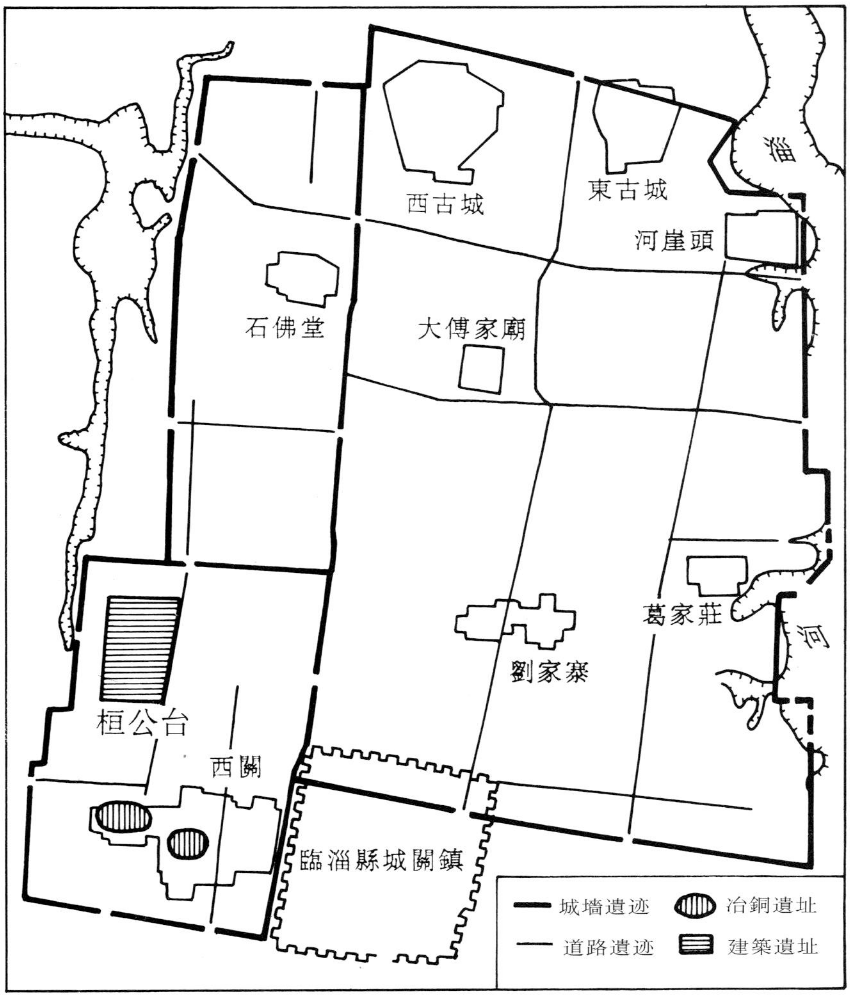

插圖一　臨淄齊故城遺址、遺蹟分布圖

挿圖二　春秋齊器高子戈及其銘文

一九七〇年山東臨淄齊國故城北白兔村出土。

長29、援長12、胡長5、闌長5.8、內長6.5、寬2.7厘米。

高子，名傒，謚號敬仲，春秋時期爲齊卿。

（一）

傳世的東周齊國銅器，郭沫若先生的《兩周金文辭大系圖錄考釋》一書共收十七件。其中重要者有：一八五七年山東膠縣靈山衛出土的田齊官定量器子禾子釜、陳純釜、左關鉌；一八九二年河北易縣出土的齊侯爲出嫁燕國的女兒所作的四件媵器，鼎、敦、盤、匜；以及田齊桓公午敦（陳侯午敦）、齊威王因齊敦（因⿱亝月敦）、叔夷鐘、洹子孟姜壺、⿰黍侖鎛等等。北京故宮博物院也藏有傳世的東周齊國器，如龍耳簋和齊縈姬盤等。這些具銘的傳世品是研究齊國史實的重要材料，也是斷代的可靠標準器。

從五十年代起，在山東地區進行了一系列正規的考古發掘，更多的齊國青銅器重現于世。

臨淄齊國故城西周晚期至春秋早期青銅器的較重要發現有：

一九六五年河崖頭村東的一處窖藏出土了簋、甗、盂、鐘等十二件銅禮器②。銅簋有蓋，蓋上捉手有一圈小似蓮瓣的裝飾；器爲圓腹，腹部有雙龍耳，圈足下有方座（已殘缺），腹飾波曲紋（環帶紋）。銅盂古樸堅實，高四三·五、口徑六二厘米，重三五·五公斤，是近年來山東出土的同類器中最大的一件。該器大侈口，下垂圓腹，高圈足，頸部有一雙杵形把手（失一），腹以波曲紋（環帶紋）和獸體卷曲紋（竊曲紋）爲飾。銅甗爲侈口，圓腹，腹下部有對稱的呈鳥首垂嘴狀二耳，裝飾風格極特殊。銅鐘爲平口鈕鐘，採取了鎛的形式。鐘身有三排扁平大圓乳釘，每排十枚，這種裝飾是不多見的。該鐘是同類器中時代較早者，對研究鐘、鎛之間的發展演變關係不無意義。

一九八四年在故城東北部的東古城村一座墓葬中出土銅器九件，有鼎三、簋二、壺一、盤一、匜一、鉌一。以往出土的鉌，最早者屬春秋時期，如洛陽出土的哀成叔鉌和湖北省文物商店收藏的蔡太史鉌。東古城出土的鉌時代則更早。

臨淄齊國故城春秋時期青銅器的較重要發現有：

一九五六年堯王村國氏墓出土鼎八、豆六、壺二。其中銅鼎有銘『國子』二字。一九七二年在白兔丘村出土了一件有『高子戈』銘的銅戈（插圖二）。《左傳·僖公十二年》云：『有天子之二守國、高在。』據考證，『高國二氏爲天子所命，世爲齊上卿』。由此可知，國氏與高氏都是姜齊之守國重臣。

一九七八年故城南大夫觀村出土了一套銅編鐘。鐘爲長甬、長枚，這種長甬、長枚鐘多見于西南地區，或許兩地之間有着某種文化聯繫。

臨淄齊國故城戰國時期青銅器的較重要發現有：

一九六四年在商王莊發現了一件錯金銀嵌綠松石大銅鏡③，該鏡直徑達二九・八厘米，其背邊緣均匀地分布三鈕，并嵌有銀乳釘九枚（失四枚），此外還飾有變形的蟠龍（螭）紋，并錯以金絲。該鏡鑄造精細，是罕見的珍品。

一九八二年在商王莊出土的錯金銀嵌綠松石犧尊，長四六、高二八・三厘米，站立狀，昂首豎耳，背部有蓋，全身錯以金銀絲，并鑲嵌有綠松石，形象生動，頗具美感。該器與江蘇漣水發現的銅犧尊如出一模，堪稱精品。

一九八三年故城東南角出土的鷹嘴匜，形體小巧，具有一定的審美價值。

一九八六年故城聶仙村出土的盒形敦，器底與蓋都鑄有三環足或鈕，蓋却置後三環鈕即成三環狀足。

國都臨淄以外東周齊國青銅器的較重要發現有：

一九七七年和一九八一年在山東臨朐縣先後發現兩座西周晚期至春秋早期的墓葬④，墓內出土的青銅器分屬幾個國別。齊國的銅器主要有齊趫父鬲、齊侯子行匜以及龍紋鼎、雲雷紋鼎、獸體卷曲紋（竊曲紋）鼎、龍紋簠、立鳥龍紋罐等。兩墓出土的有銘文銅器，內容涉及到曾、鄩等諸侯國，對研究齊國與這些諸侯國的關係很有幫助。

一九五七年在河南省洛陽中州渠（孟津邙山坡上）發現了一件春秋晚期的齊侯盂⑤。該器作圓形，口沿外侈，圈足，腹鑄四套環獸耳，器身上下各有一周波曲紋（環帶紋）。從銘文內容知，此爲公元前五五八年齊靈公嫁女于周靈王之媵器。

一九六三年在臨朐縣楊善發現的一批春秋晚期青銅器主要有鼎、敦、壺、鉌、編鎛、編鐘等等。其中有一件公孫竈壺爲圓腹，帶蓋，環梁與蓋相連⑥。有學者指出，公孫竈即公孫灶，也就是子雅，公元前五四五年至公元前五三九年當政。

一九七六年山東蓬萊縣辛旺集和劉格莊出土了一批春秋時期的青銅器⑦，有鼎、壺、甗、提鏈盒等。

一九七五年山東長清縣崗辛出土的戰國時期鑲嵌綠松石勾連雲紋豆和體呈長方形的鳥獸鈕蓋鉌，都是齊國的上乘作品。

一九六五年在江蘇省漣水縣三里墩發現了一座西漢墓。墓內除出西漢銅器外，還有一部分是戰國時期的齊國銅器⑧，其中有錯金銀雲紋鼎（插圖三）、錯銀立鳥蓋壺和錯金銀嵌綠松石犧尊等。這些青銅器工藝高超，造型優美，都是東周銅器中的優秀之作。

（二）

東周齊國青銅器的種類主要有：容器爲鼎、鬲、甗、簋、簠、敦、豆、壺、犧尊、盤、匜、鑑、罐、鉌，樂器爲鐘、鎛，量器爲釜、鉌等。其中，帶環耳鼎形和球形的敦以及鉌的數量、比例都較大，這應是齊國青銅器的一個重要特點。臨淄褚家莊出土的銅敦和臨淄東古城出土的銅鉌在同類器中時代都是較早的，推測銅敦和銅鉌有可能源于齊國。

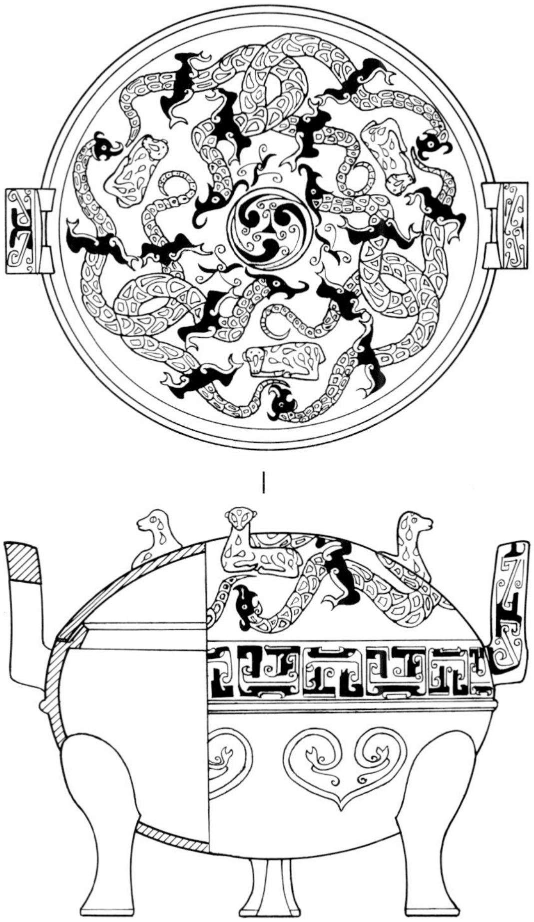

插圖三　戰國齊器錯金銀蓋鼎

一九六五年江蘇漣水三里墩西漢墓出土。見圖版六、七。

插圖四　戰國齊器禾簋及其銘文
傳世品，上海博物館藏。高29.5、口徑25厘米。
禾，即田和，田齊的第一位國君。
禾簋爲田和未稱侯以前爲其母孟姬所作器。

東周齊國青銅器的組合情況，目前還缺乏足夠的考古資料來說明。一九五六年臨淄堯王村春秋晚期國氏墓出土的銅器組合是鼎、豆、壺；而一九六三年臨朐楊善春秋晚期墓出土的銅器組合主要爲鼎、敦、壺。應當指出，楊善鼎的形制特點與國子鼎雷同。

東周齊國青銅器的形制沒有明顯的國別性。現僅舉幾種較具特徵的器種作例。

春秋時期齊國銅鼎多爲扁圓腹，具三只較高的蹄足，帶平蓋，呈豎折狀的二腹耳高于蓋面，實例有國子鼎和楊善出的鼎。有的鼎作長方立耳狀，形似南方的越式鼎。有的鼎足雖也作蹄足，但粗拙短矮，很有特點。

銅簋風格獨特，例如一九六五年臨淄故城東北部河崖頭村出土的龍耳簋，通體飾波曲紋（環帶紋），兩耳作蛟龍狀，蓋頂有蓮瓣裝飾。該簋與出土較多的齊國陶簋基本相同。同樣形制的傳世銅簋尚有兩件，分別藏于北京故宮博物院和美國舊金山亞洲藝術博物館，它們都是工藝精湛的作品。可以說，這種有蓮瓣蓋和雙龍耳的簋，是典型的春秋時期的齊國器。此外，有些戰國早期的銅簋如禾簋（插圖四）也具有上述特征。

呈球體的銅敦，以往賈人習稱『西瓜敦』，這種造型的敦，多流行在齊、楚、燕等國。春秋晚期齊國始有敦，其球形敦多呈扁圓狀，有二環耳，器與蓋各有三環足或鈕。有的圓形平底敦的蓋上有四環鈕，如易縣出土的齊侯敦。齊國的球形敦與楚、燕的同類器在器形上稍有不同。楚國的敦，一般呈正圓球狀，河南淅川春秋晚期楚墓和河南信陽戰國早期楚墓出土的銅敦可作爲代表。不過，淅川的銅敦爲外侈三蹄足，蓋上爲三環鈕；而信陽銅敦的器與蓋均有三鳥形足或鈕。燕國的銅敦，如河北省赤城縣龍關鎮出土的一件，體呈長圓球狀，上、下各有三環，每環底部有一鳥嘴狀凸起，以作敦足，支撐敦體⑨。總之，雖然都爲球形敦，但由于國別不同，造型上又各有其藝術特色。

敦形器中較特殊的是臨淄聶仙村出土的盒形敦，該器蓋、底均鑄有三環鈕或足。這種盒形敦，至今仍爲孤例，值得重視。

作爲水器或酒器的銅鈚，其器身一般近似長方形或方形，而四角略圓且平底的鈚，則是齊國所獨有的。這種銅鈚的兩側多有二環耳，其稍鼓的蓋上也鑄有四環鈕⑩。

一九八三年臨淄故城東南角出土的鷹嘴匜，流口作鷹嘴狀，圈足呈橢圓形，造型精巧別致，極爲罕見。

東周齊國的青銅器，雖然不少都素面無飾，但也有一些工藝非常精細，如臨淄商王莊出土的戰國時期錯金銀嵌綠松石犧尊和錯金銀嵌綠松石銅鏡，都是金屬細工工藝的杰作。

東周齊國銅器的花紋主要有：雲雷紋、弦紋、波曲紋（環帶紋）、獸體卷曲紋（竊曲紋）、勾連雷紋、蟠龍（螭）紋、粟粒紋等等。較有特色的是常在寬弦紋帶上再飾以方格紋。立體浮雕和半浮雕則多以龍和鳥爲主題。

東周齊國青銅器的銘文多已發表，以往出土和傳世青銅器的銘文不少都被收入曾毅公的《山東金文集存》和郭沫若的《兩周金文辭大系圖錄考釋》中。近幾十年出土的具銘齊國青銅器，有些也已陸續公諸于世。東周齊國青銅器銘文的歷史價值在于：

第一，有助于研究齊國的歷史與世系。傳世的田齊國君的幾件青銅器，如齊桓公午的兩件敦、一件簋，齊威王因脊的一件敦，都有幾十字的銘文，這就爲研究田齊的世系和那一時期的青銅器特徵提供了實證。

著名的陳璋方壺（插圖五）早已引起世人的注意。有的學者認爲，陳璋即文獻中的田章。該器銘文內容對印證、補充公元前三一四年齊伐燕的歷史事件，是頗爲有益的。

插圖五　戰國燕器陳璋方壺

該器爲齊國將領陳璋伐燕之掠獲品。見圖版一二一。

第二，有助于了解齊國的紀年格式。一九六三年臨朐楊善出土的公孫竈壺的銘文開頭有『公孫竈立事歲』之語。『立事歲』是齊國習見的紀年格式，在傳世品中如陳騂壺、子禾子釜、陳純釜等器銘中，也都有這一格式。

第三，有助于考證度量衡校量制度。一八五七年山東膠縣靈山衛出土的田齊三量——子禾子釜、陳純釜、左關鉌的銘文，説明戰國時期已有了明確、嚴格的度量衡校量制度。子禾子釜肩部有銘文十行，標明這一稱作釜的量器是在名爲『丘關』的關卡上使用的，并規定了對違反量制者的處罰辦法。上述三件量器，是研究我國度量衡史的非常重要的材料⑪。

二　魯國青銅器

魯國在西周時可謂『泗上十二諸侯』中的佼佼者，春秋以降則逐漸衰微，公元前二五六年被楚所滅，國存約八百年。

傳世和幾十年來出土的青銅器中，都有一些魯國青銅器，但數量不多，尤其是西周魯器更是微乎其微，比較而言，東周魯國銅器稍多些。近年在曲阜魯國故城等地又發掘出一些周代的魯國青銅器，爲研究魯國青銅器的內涵增添了新的資料。

東周魯國青銅器的主要器種有：食器爲鼎、鬲、甗、簋、簠、盨、敦、帶蓋豆、鋪，酒器爲壺、鐎壺、缶（挿圖六），水器爲盤、匜、罐、鉌、盆，樂器爲鐘⑫，武器爲戈、鏃、鐏、鐓、弩機，此外還有車馬器、銅鏡、帶鈎等。

東周魯國青銅器的總數量與當時的幾個大國相比雖然遜色，但青銅器的一些主要器種都已具備。在曲阜魯故城發現的青銅器中，鼎、鬲、甗、簋、豆、鉌、盆等所占比例較大，這應與地域或國別有一定關係。相對來看，樂器鐘較少發現。

山東省的考古學者將曲阜魯故城（挿圖七）發掘的十座東周墓依據器物形制的發展演變，分成三期：一期約屬春秋末年至戰國初期，二期約屬戰國早期，三期約屬戰國中期或稍晚⑬。但出土的銅器大都屬春秋時期，因此要解決東周魯國銅器的發展順序和明確的組合情況，目前資料尚付闕如，況且有的春秋銅器墓已被盜過。下面列舉幾組東周魯墓銅器的組合情況：

曲阜魯國故城春秋早期二〇一號墓：鼎一、盆一、鉌一。

曲阜魯國故城春秋早期二〇二號墓（被盜過）：盆一、鉌一、盤一、匜一。

曲阜魯國故城春秋晚期一一六號墓（被盜過）：鼎一、盨二、豆二、盤一、匜一。

歷城北草溝春秋墓：鼎一、簋一。

泰安城前村春秋墓：鼎二、簠二、壺一。

由上略知，一般魯國墓中主要是鼎、簋或鼎、簠，或鼎、盨的組合，有的還有豆或壺；曲阜魯國故城墓則普遍隨葬盤、匜或盆、鉌。

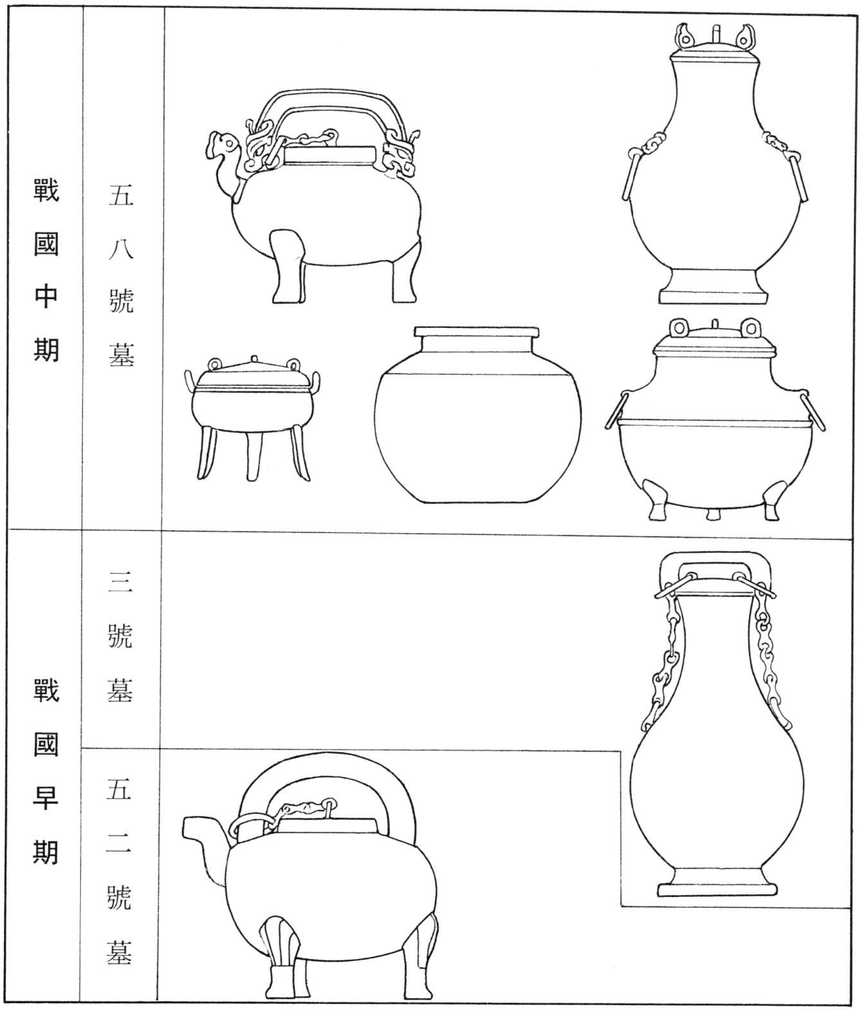

挿圖六　曲阜魯故城部分出土銅器圖

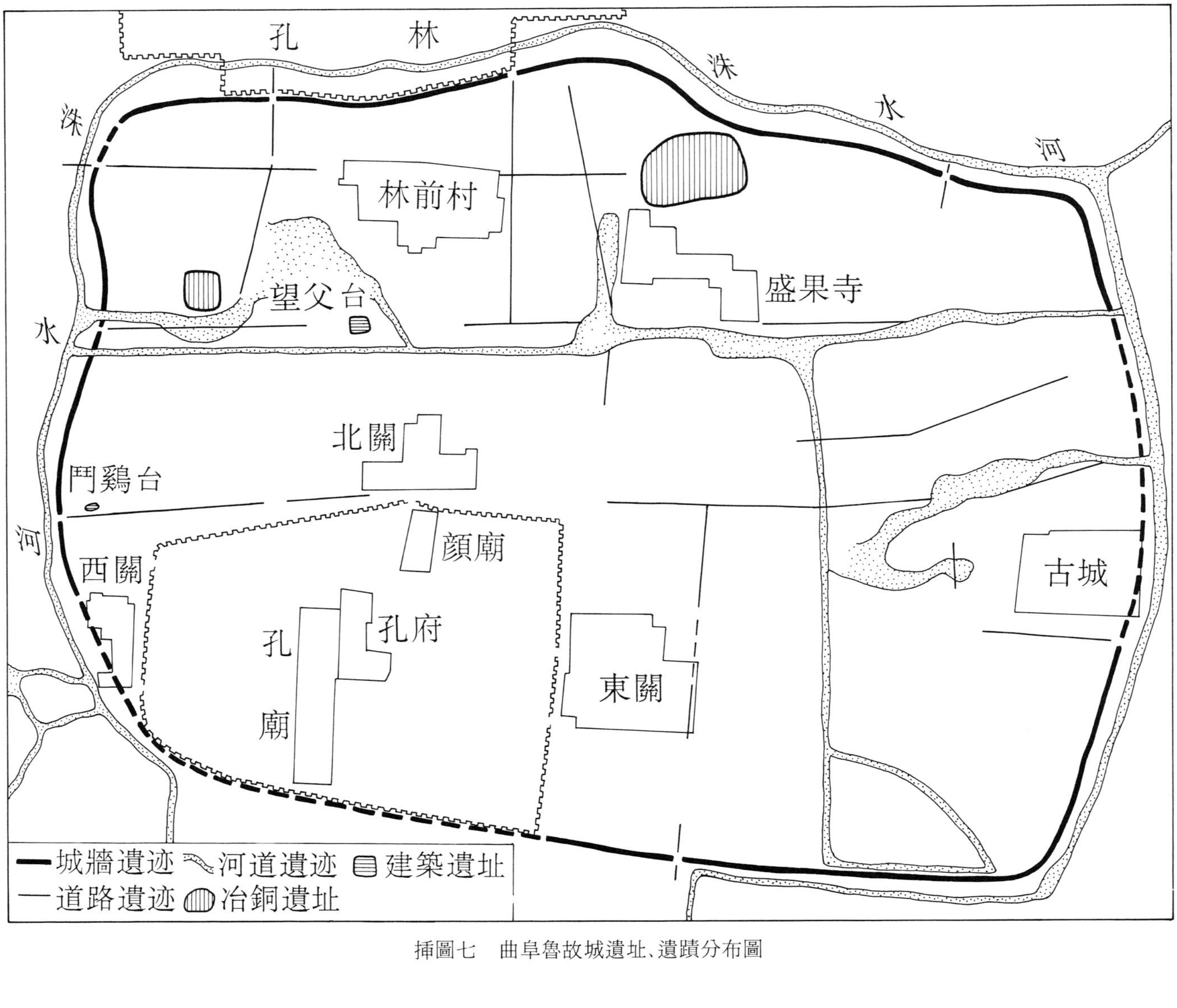

插圖七　曲阜魯故城遺址、遺蹟分布圖

插圖八　戰國魯器三蹄足缶
一九七八年山東曲阜魯國故城出土。高23、口徑22厘米。

插圖九　戰國魯器錯金銀杖首
一九七八年山東曲阜魯國故城出土。見圖版六〇。

東周魯國青銅器的形制特點，因資料所限，僅舉幾種較明顯者：

曲阜魯國故城甲組墓Ⅰ式鼎，作淺圓下收腹，三蹄足，折沿，雙耳在口沿上且極爲外侈，與齊國的腹耳高出蓋頂的鼎不同。甲組Ⅱ式鼎的蓋上有四環鈕，也較少見。

豆形器主要有一九六九年曲阜北關出土的銅豆和一九三二年曲阜林前村出土的銅鋪。前者作淺盤式，粗柄，蓋上有三禽鈕，與常見的三環鈕蓋豆不同。後者作淺腹式，有蓋，蓋頂以蓮瓣爲飾，器與蓋有對銘：『魯大司徒厚氏元作膳𠤱，其眉壽萬年無疆，子子孫孫永寶用之。』由銘文知，此豆形器自名『𠤱』，應是豆的別名。

作爲盛酒或盛水器的缶，主要盛行于春秋戰國時期，形制多爲圓腹平底，而曲阜魯故城五八號墓出土的戰國中期的缶在平底下則有三短蹄足（插圖八）。

泰安城前村所出春秋早期的銅壺，整體粗短，橢圓形口，扁圓腹，腹下有一半圓形鼻，腹上鑄獸頭形雙耳。曲阜魯故城出土的戰國早期的鏈梁壺應屬較早的作品（鏈梁壺的普遍出現，要晚到西漢時期）。

曲阜魯故城五二號墓戰國早期的銅盤爲深圓腹，折沿，圈足，腹上鑄四個銜環鋪首。須知，戰國銅盤多爲圜底，無耳（如楚國的酓感盤）；而曲阜魯故城之盤則爲圈足，四環耳，有一定的創新。

東周魯國青銅器中，銅鉚（以往稱『舟』）最具特色。曲阜魯故城出土鉚的數量也較多，主要出在甲組春秋墓內。銅鉚這一器種多出在山東原齊國範圍內和江淮流域，魯近齊，文化相互影響交流是情理中事，故銅鉚也多。魯國銅鉚的發展演變序列是：『春秋初年的銅舟（鉚）無耳，繼而出現單耳，春秋中晚期全有雙耳。春秋早、中期的銅舟（鉚）都有紋飾，器形呈橢圓形；春秋晚期則素面無紋飾，器形近圓形。』⑭

魯國的青銅金屬細工工藝也較發達。例如，曲阜魯故城出土的戰國早期的錯金銀杖首和嵌金銀帶鉤以及戰國中期的鎏金鑲玉帶鉤，裝飾繁縟，花紋絢麗，都是技藝非凡的佳作。其中錯金銀杖首高二〇．五厘米，全身嵌以金銀片，圓銎，通體裝飾相疊交錯的鳥獸，構思巧妙，實屬難得的精品（插圖九）。

東周尤其是春秋時期魯國青銅器的紋飾，許多都顯示出粗疏潦草的特點，這與當時青銅器的總體風格是一致的。春秋時期的魯國銅器一方面沿襲了商和西周的龍（夔）紋、獸面紋、鳥紋、蟬紋、雲雷紋、圓渦紋、蕉葉紋等；另一方面，則更多地繼承了西周中晚期的垂鱗紋、獸體卷曲紋（竊曲紋）、瓦紋、鱗紋（重環紋）等。此外，其裝飾圖案也有一些發展變化。例如，曲阜林前村的銅簠，主體圖案是二龍（夔）組成的獸面紋；魯故城出土的銅盆上雖有蟬紋，但已趨簡化，其蕉葉紋的三角呈外鼓狀，有一定的變形。銅鉶腹上的三角卷雲紋，則表現了新的特點。

戰國時期的魯國青銅器，多發現在曲阜魯故城乙組墓內，其裝飾圖案，除個別有簡單的凸弦紋外，大部分皆素面無飾。

傳世和出土的具銘東周魯國青銅器主要有：一九八二年泰安城前村出土的春秋早期的鼎和簠（兩器銘文內容相同），一九三二年曲阜林前村出土的魯大司徒厚氏元鋪，一九六五年山東鄒縣七家峪出土的春秋早期的魯伯駟父器⑮，一九七〇年山東歷城北草溝出土的春秋早期的魯伯大父器，今藏北京故宮博物院的傳世品春秋早期的魯伯厚父盤⑯，一八三〇年山東滕縣鳳凰嶺出土的魯伯愈父鬲⑰，今藏遼寧省旅順博物館的春秋時期的魯士商𠭯匜，以及《兩周金文辭大系圖錄考釋》著錄的魯士商𠭯簠等等。

所見東周魯器銘文，時代多屬春秋。銘文書體風格多樣，有的爲肥體，如魯士商𠭯匜（插圖一〇），有的爲長瘦體而故作波磔，如魯侯作姬滕鼎（插圖一一）。銘文內容有祭祀的，如魯士商𠭯簠；也有表明器物用途的，如魯大司徒鋪；更多的是有關爲女兒作陪嫁器之事，如歷城北草溝的魯伯大父簋。有的學者結合以往著述，曾考證伯大父所作的另兩件簋是媵長女姜和次女俞的，而歷城新出的簋則是媵三女姞的。魯伯厚父盤也是爲次女俞陪嫁的器物。鄒縣七家峪的銅器是魯伯駟父爲倫所作的媵器。魯伯愈父鬲是嫁女于邾的媵器。春秋時期青銅媵器一般爲盤、匜、盂等，而魯國則多鼎、簠、鬲。

東周魯國青銅器總的特點就是，許多都沿襲了商和西周的傳統，這可能是『周禮盡在魯矣』的一種反映。

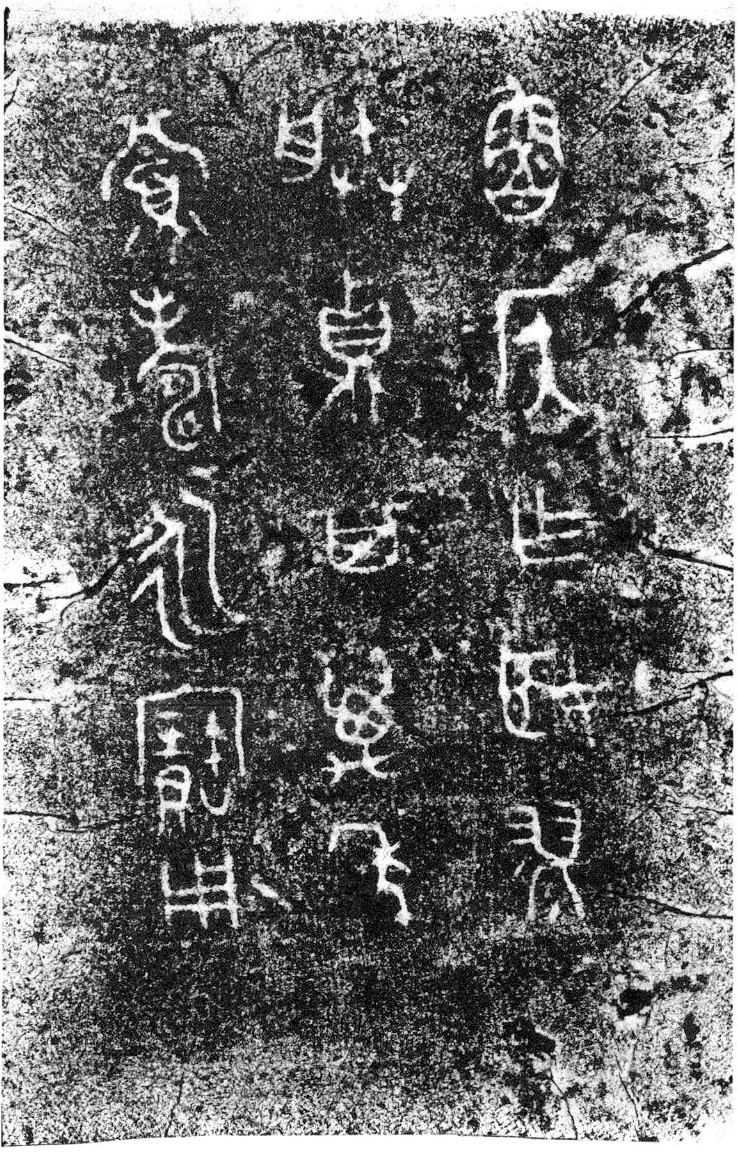

插圖一一　魯侯作姬媵鼎之銘文
器見圖版四九。

插圖一〇　魯士商𠭯匜之銘文
器見圖版五九。

東周時代，在齊國和魯國的周圍，還有一些小諸侯國，如曹、莒、費、邿、鄟、郳、滕、薛、鄫等等。郭沫若先生的《兩周金文辭大系圖錄考釋》一書已開始注意對今山東地區東周諸小國銅器的收集和考釋。

幾十年來，山東地區又出土了不少小諸侯國青銅器，其中較重要的發現有：

一九六三年莒縣天井汪出土莒國器二十一件。

一九七八年沂水劉家店子出土莒國器二百餘件。

一九八八年莒縣中樓鄉出土莒國器若干件。

一九七八年滕州市薛國故城出土薛國器數百件。

一九九五年長清縣仙人台出土邿國器百餘件。

山東地區東周諸小國銅器的器種、造型、花紋和裝飾與齊魯沒有明顯的差异，但在一定程度上也表現出國別特點。小國器在形體上有輕薄感，一些造型風格獨特，如莒器中的盒形敦和蓋上有直流的瓠形壺，以及內部呈圓角長方形，幷有圓穿與窄長穿的曹國戈等。在裝飾上，除較多飾獸體卷曲紋（竊曲紋）外，也喜飾變形龍（夔）紋和錐刺狀的乳釘紋等。邿國的蟠龍紋方壺腹上主體紋飾還承襲了西周頌壺的蟠龍紋形態特徵。所見小國銅器多祭祀器和媵器，而且不少器物本身標明了國別，如費敏父鼎、莒大叔瓠形壺、曹公子沱戈等等，從而提高了它們的價值。

三　燕國青銅器

燕國是北方的一個大諸侯國。其始封都城，古稱爲薊，在今北京城西南隅。根據考古資料，學者普遍認爲，房山琉璃河一帶是周初燕國的都城所在[18]。

春秋時期，由于少數民族戎狄的阻隔，燕國與中原各諸侯國的來往較少。有關當時燕國的情況，文獻記載也不多。

公元前五世紀以後，燕國有了較大的發展，成爲戰國七雄之一。

戰國中期，爲了加強南部的軍事和經濟力量，燕昭王（前三一一年—前二七九年）在今易縣修建了武陽城，作爲下都，而把薊作爲上都，這樣燕國就有了上、下兩個幷存的都城。

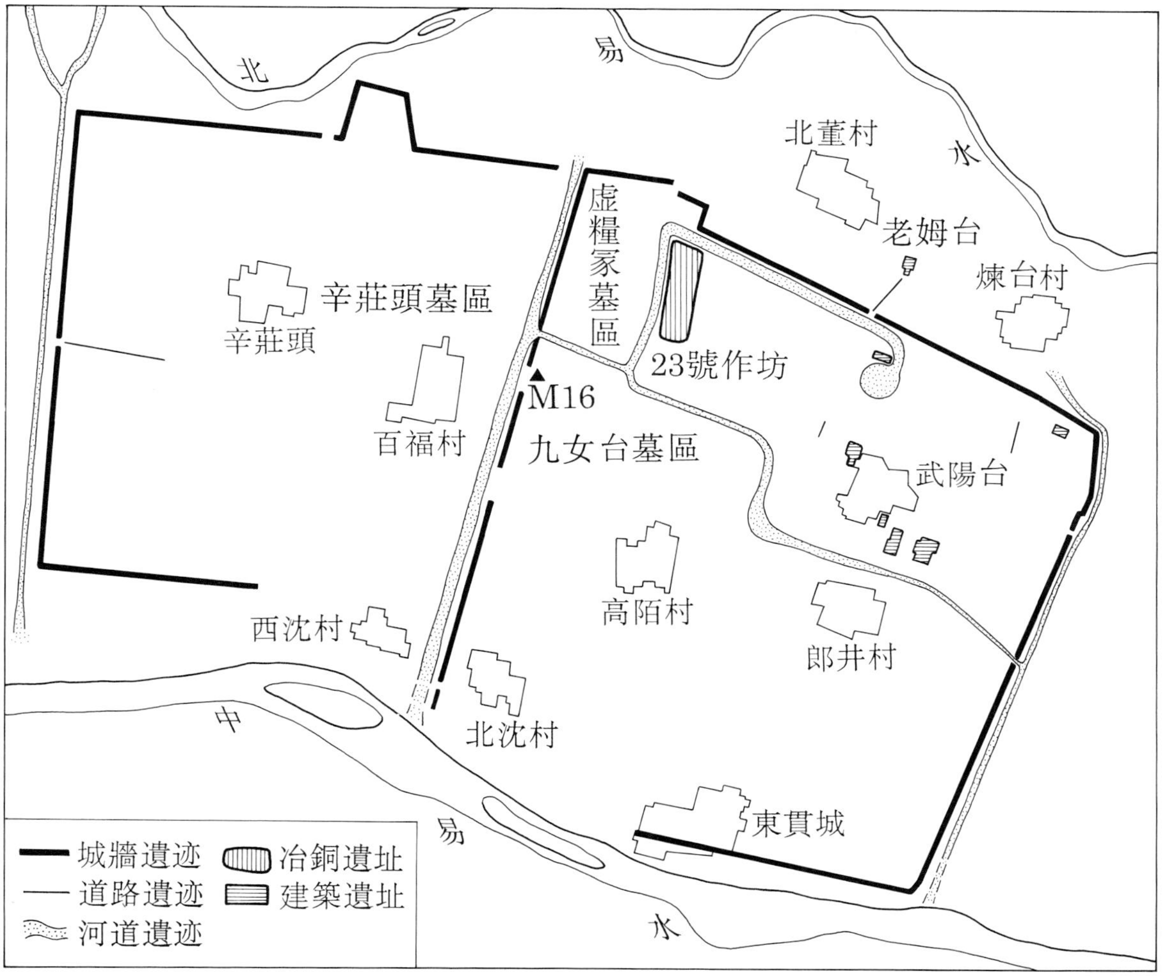

插圖一二　易縣燕下都遺址、遺蹟分布圖

三十年代以來，在燕國的下都進行了一系列的考古調查和發掘，基本上弄清了遺址的概貌。城址東西長八三〇〇米，南北寬四〇〇〇米。遺址內有以武陽台爲中心的宮殿區，也有製陶、鑄錢、冶造武器等等手工業區。在西北角虛糧塚與九女台分布着許多大型墓塚，墓塚不但高大，且排列有序。一九六四年考古學者發掘了九女台的第一六號墓，此墓屬戰國早期，雖曾被盜過，但仍出土了大量的仿銅彩繪陶禮器和樂器[19]。一九六五年發掘了一座叢葬墓，出有青銅武器和貨幣[20]。一九七三年考古學者在武陽台村二三號作坊遺址內發現了一百零八件青銅戈，許多戈上都有燕國國君的名號或紀年（挿圖一二）。

燕下都遺址近年還出土了一些較重要的青銅器，如高陌村的銅人，老姆台的銜環大鋪首，武陽台的象形燈，東貫城的人物鳥獸樓闕形飾件以及日本人駒井和愛著錄的一件青銅翼龍形飾件[21]。另外，在今北京、河北、遼寧燕國疆域內外，也不斷發現燕國的青銅器。這對深入探索燕國的歷史和青銅文化都有着重要意義。

能確認爲東周時代的燕國青銅器并不多，具銘的東周燕器僅有杕氏壺[22]（挿圖一三）、陳璋方壺和一九八二年江蘇盱眙南窰莊出土的金銀錯銅絲網套壺[23]等幾件，無銘的燕器主要是通過出土地點和器物特徵等因素來斷定的。

續一

續二

東周時代燕國青銅器的種類主要有：食器爲鼎、簋、甗、豆、敦、匕，酒器爲壺、瓿、缶（瓿、缶也可爲水器），水器爲盤、匜、鑑，還有銜環大鋪首、樓闕形和龍形飾件、銅人等等。

由于迄今很少發現東周燕國大型銅器墓，故對銅器組合情況的認識還是初步的。

春秋時期燕國的青銅器組合爲：

河北懷來北辛堡的組合是簋、壺、鑑、缶[24]。

河北懷來甘子堡的組合是鼎、罍、匜[25]。

河北新樂中同村的組合是鼎、甗、蓋豆、勺、壺、盤、鉌[26]。

戰國時期燕國的青銅器組合爲：

河北唐山賈各莊的組合是鼎、簋、豆、敦、盒、壺、盤、匜、勺[27]。

河北三河大唐迴村一號墓的組合是鼎、簋、豆、勺[28]。

河北三河雙村一號墓的組合是鼎、簋、豆[29]。

北京通縣中趙甫的部分組合[30]是鼎、球形敦、豆、匕、勺、匜[31]。

插圖一三　戰國燕器杕氏壺及其銘文

傳世品。二戰後被蘇聯軍隊從德國科隆博物館運至彼得堡。通蓋高37.8厘米，有環梁與蓋相連。腹鑲嵌獵紋三道，作狩獵之圖，界以三帶紋，于中帶紋凸條之上刻銘四十一字。

北京順義龍灣屯的組合是鼎、豆、簠㉜。

概言之，春秋時期燕國墓葬青銅器的組合一般都有食器、酒器和水器，典型者爲鼎、豆、壺、盤、鉚（新樂中同村墓），有的爲鼎、罍、匜，有的爲簠、壺、缶、鑑。戰國時期燕國青銅器最完整的組合是鼎、豆、簠、敦、壺、盤、匜（唐山賈各莊墓），包括了食器、酒器和水器。墓葬青銅器最基本的組合是鼎、豆、敦，也有鼎、豆、簠的，勺與匕亦是組合的主要部分。由此可見，燕器與其他諸侯國一樣，也是重食的組合。春秋到戰國燕國銅器組合的發展趨勢是，從鼎、豆、壺向鼎、豆、敦（或簠）演變。

東周燕國青銅器的形制與其他諸侯國有着一定的共性，但也有自身的特點。

銅鼎，如河北新樂中同村和行唐廟上村出土的春秋晚期至戰國早期的鼎，足呈較低的馬蹄狀，突出了鼎的深腹特點，而且中同村的鼎蓋有三個環鈕，鈕周緣特別寬，與常見的環鈕有別。河北唐山賈各莊的銅鼎最具燕鼎的特徵，所出銅鼎的圓腹下都有直立式的三高足，其中Ⅰ式鼎和Ⅱ式鼎各有一對高于蓋頂而外侈的腹耳，且後者之耳外侈得尤爲明顯。燕國銅鼎的蓋鈕除常見的三犧鈕外，亦多作獸首和鳥首鈕㉝。

銅豆在燕國較發達，除一般常見的短柄豆外，最具特點的應是長柄豆。長柄豆器與蓋相合，呈扁圓或圓形，唐山賈各莊、北京順義龍灣屯以及北京順義縣出土的今藏北京故宮博物院的豆皆屬此類。有的長柄豆很高，象北京通縣中趙甫出土的豆，高度達到五〇·二厘米，該豆腹上有二環耳，蓋上鑄有三個倒置的高蹄足形鈕，顯得玲秀古樸。

銅簠，如北京順義龍灣屯、河北唐山賈各莊、陽原九溝村㉞、三河大唐迴村出土的簠，形制雷同，皆爲深腹，腹下收幾成半圓形，且具圓形雙腹耳（與常見的簠耳有別），其微隆的蓋飾有三鳥狀鈕，造型頗爲獨特。

銅敦中的球形敦，以戰國時期的齊、楚、燕最發達。這種球形的敦雖都稱西瓜敦，但相互比較，各國的球形敦在形制上仍有一定區別。楚國的敦多作圓球形，齊國的敦多作扁圓形，燕國的敦則多作長圓形，北京通縣中趙甫、河北唐山賈各莊、赤城龍關出土的敦㉟，皆爲典型的燕式敦。

銅匜雖發現不多，但特點還是非常突出的。河北唐山賈各莊、唐縣北城子和行唐西石邱村出土的匜[36]都爲橢圓體，圜底，三蹄形高足，其鳳首流嘴上半部有活動的蓋，傾水時可衝開。賈各莊和北城子的匜作鳥首鋬，西石邱村的作鴞首鋬。值得注意的是，賈各莊和西石邱村匜的腹內，分別飾有雙鴨紋和雙魚紋，表現了燕國的特色。北城子的鳳首和獸首匜，在腹兩側各鑄一銜環小鋪首，這在同類器中是少見的。

此外，燕下都近年陸續出土的人物鳥獸樓闕形飾件、象形燈、銜環大鋪首、立體銅人像等等，都是研究東周時代燕國銅器風格的寶貴資料。

總之，三直立高足外侈耳的鼎、扁圓腹長柄豆、深下收腹的有蓋簋、長圓形敦、鳳首流高足匜等等，都反映了燕國本身的特點，值得重視。

從總體上考察，東周燕國銅器鑄造工藝應屬精細型，有的銅器還特別精湛，堪稱青銅器中的瑰寶，如銜環大鋪首、樓闕形飾件、金銀錯銅絲網套壺等等。

銜環大鋪首，通長七四·五、寬三六·八厘米，飾有凸起的獸面，獸面與環上配以浮雕的螭與鳳鳥。

樓闕形飾件結構複雜，高二一·五厘米，雕有人物、鳥獸及貴族的宴饗生活。人物和鳥獸許多均係立體雕塑，反映了分鑄法和焊接工藝的高超水平。

金銀錯銅絲網套壺爲一九八二年江蘇省盱眙縣南窰莊出土。該壺由器身和肩、腹上的網套組成。器作侈口，長頸，圓腹，圈足。銅絲網套係失蠟法鑄就，由九十六條卷曲的龍和五百七十六枚梅花釘交錯套扣，顯得玲瓏剔透，精巧華美。網套中間有錯金雲紋銅箍，箍上有獸首銜環和倒垂的浮雕獸各四個，環與立獸上均有錯金銀紋飾。壺的頸、肩、腹和圈足上都飾有錯金銀斜方格雲紋。該壺口沿刻銘標記了壺的容量，圈足外則刻有『陳璋伐匽（燕）之獲』的字樣，反映了公元前三一五年齊國與燕國的戰爭，作器年代當爲戰國中期。

東周燕國銅器的裝飾有以下幾個特點：

第一，繼承了商和西周的一些常見花紋，如龍（夔）紋、蟬紋、波曲紋（環帶紋）、垂葉紋等等。

第二，多見東周時代各諸侯國均流行的一些圖案，如蟠蛇（虺）紋、蟠龍（螭）紋、勾連雷紋、菱形紋、三角雲紋等等。

第三，裝飾上有一定的創新，如前舉盱眙縣南窰莊的金銀錯銅絲網套壺即其實例。該壺的銅絲網套龍梅交錯，細膩玲瓏，係由失蠟法製成。採用失蠟法鑄造青銅器的裝飾部件，雖然在別國也有發現，但以龍和梅花作爲裝飾主題則是燕國的創造。

另外，燕器上喜用較高的浮雕禽鳥作蓋鈕，這種裝飾一直影響到西漢（西漢時期，常山國的銅鼎上也以浮雕鳳鳥作鈕飾，而且更加華美動人[37]）。

第四，盛行東周時代出現的絡繩紋，且多裝飾在銅器的腹、足、柄、套環、鈕等部位。以紅銅鑲嵌的狩獵紋和獸紋也較發達，典型者有河北唐山賈各莊的鑲嵌狩獵紋壺（插圖一四、一五）、龍虎紋雙耳盤（插圖一六）和獸紋細柄豆等等。

插圖一四　戰國燕器嵌紅銅狩獵紋壺蓋、器紋飾

該器于一九五二年河北唐山賈各莊出土。見圖版一一九。

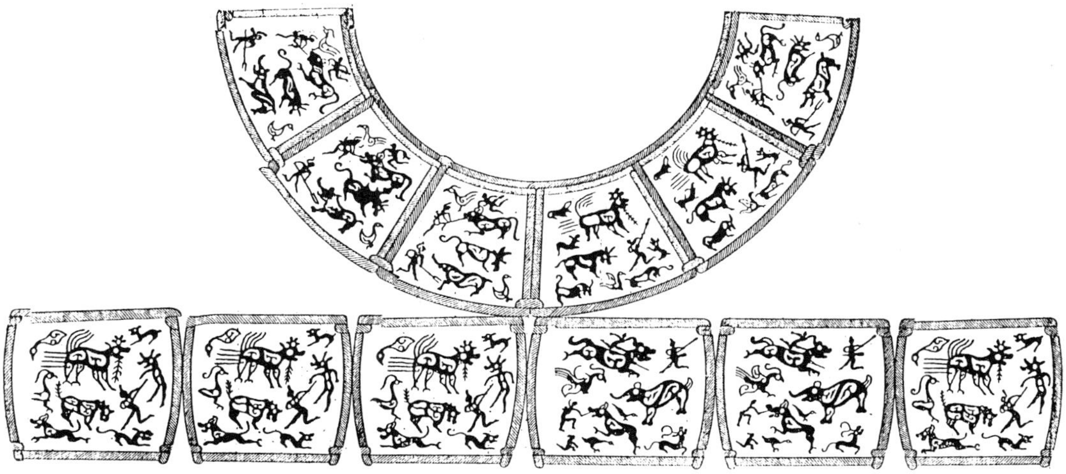

插圖一五　嵌紅銅狩獵紋壺器身紋飾展開圖

插圖一六　戰國燕器龍虎紋雙耳盤紋飾
該器于一九五二年河北唐山賈各莊出土。見圖版一三二。

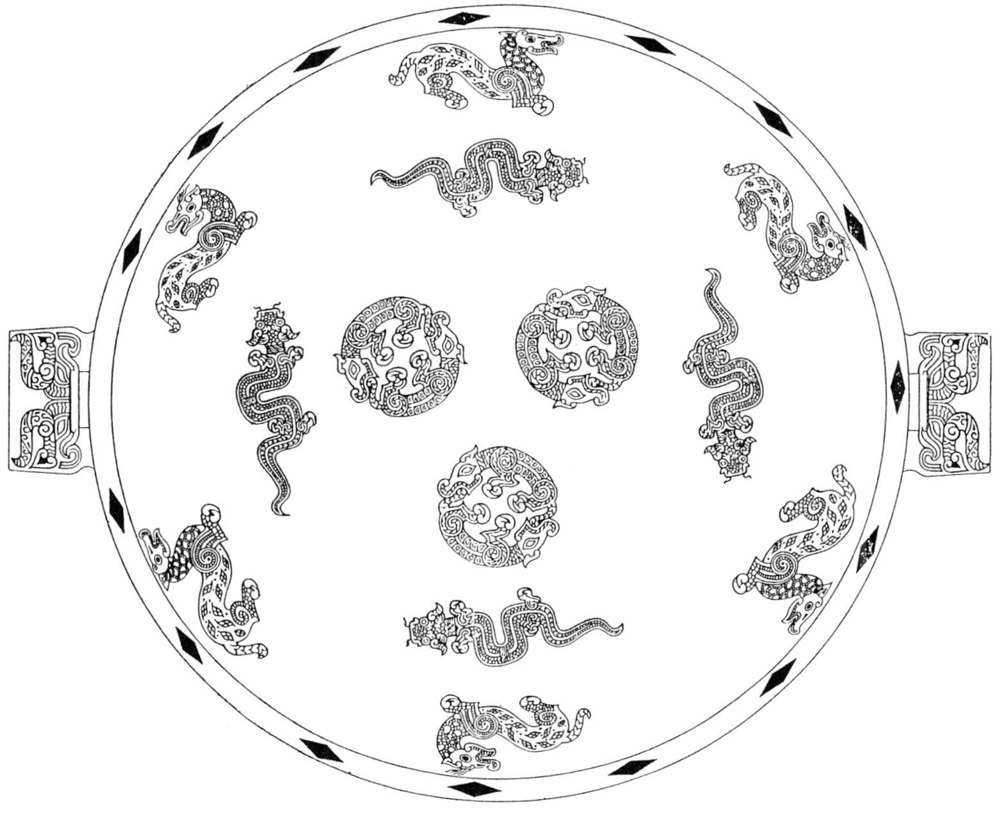

東周燕國具銘的青銅器很少，聞名的有杕氏壺、陳璋方壺和金銀錯銅絲網套壺。另外，舊著錄中還有郾侯載（燕成侯）所作的簋與豆等[38]。

近年出土的河北易縣銅象燈有銘『右府尹』，赤城縣銅敦有銘『右屖君（尹）』，安新縣銅馬銜有銘『左宮之□』[39]，等等。這些銘刻都是研究東周燕國職官的重要資料。

東周燕國青銅武器（如劍、戈、矛等）的銘文最有價值。近年在易縣燕下都及其附近地區陸續出土了一些有燕王名號的青銅武器，特別是一九七三年四月在燕下都二三號作坊遺址內發現了一百零八件銅戈[40]，其中有銘文的計一百件，都刻記或鑄有燕王的名字或年號，爲考訂和印證史籍上的燕王世系提供了重要的依據。

傳世或出土的燕國銅戈，并不自名爲『戈』，而有着多種名稱，主要有鍨、鋸、鉘、鈇等。有的學者指出，戈的不同名稱與形制有關，我們認爲這有一定道理。從燕下都二三號作坊遺址的考古資料看，胡部有雙孑刺的稱鍨或鉘，有單孑刺的稱鋸，似能圓上述之說。

四　中山國青銅器

中山國係北方少數民族白狄建立的諸侯國，春秋時期稱鮮虞，戰國時期以『中山』爲名。春秋以降，黃河流域的戎、狄族多數融入華夏族，其餘的有些遷到大漠南北，有些仍散居于原地。在今河北省境內，當時與鮮虞（今正定）并列的白狄別種還有肥（今藁城）、鼓（今晉縣）等小國，肥、鼓被晉國滅後，就僅存中山國了。

關于中山國的歷史，史書很少記載，只散見于《史記·趙世家》、《戰國策·中山策》、《呂氏春秋·當染》等等文獻。中山國因其都邑『城中有山，故曰中山』[41]。清代王先謙所著《鮮虞中山國事表》將文獻中有關中山國的資料綜合排比，是研究中山國歷史和文化的重要參考書。

五十年代以後，在河北省平山縣陸續發現了一些有關中山國的考古資料。從一九七四年到一九七八年，河北省考古學者在平山縣三汲發掘了一處戰國時期的古城址，城址東西寬二〇〇〇米，南北長四〇〇〇米。從城址內涵看，應是中山國都城古靈壽城。在古城遺址內外除居住址和墓葬外，還發現了冶銅、製陶的作坊。墓葬與遺址出土各類文物達一萬九千餘件[42]。編號爲一號和六號的墓爲中山國王的大型墓葬。兩墓出土的中山國青銅器數量多、質量高，很具典型性，對研究中山國史和青銅文化諸多方面問題都有着重要的學術價值（插圖一七）。

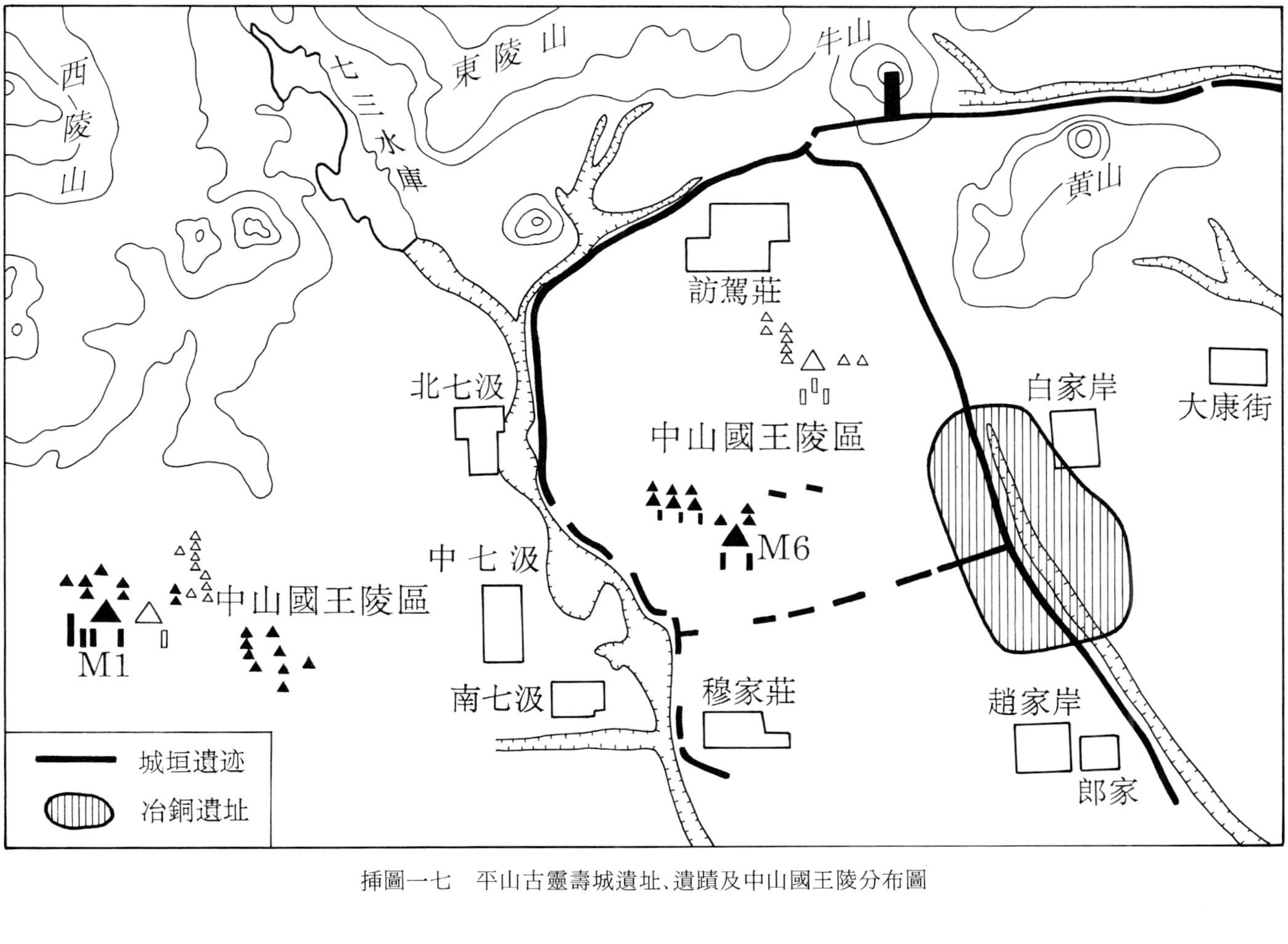

插圖一七　平山古靈壽城遺址、遺蹟及中山國王陵分布圖

（一）

平山三汲一號大墓出土的幾件長銘銅器，如四百六十九字的中山王譽鐵足銅鼎、四百五十字的中山王譽方壺、二百零四字的好盗圓壺以及四百五十餘字的長方形銅圖板等器的刻銘記錄了許多文獻無載的史實，從而將中山國的研究引向深入。

（1）一號墓的墓主和時代

據中山王譽鼎和中山王譽方壺的銘文，可知兩器均爲中山王譽十四年所作器。兩器銘文內容除方壺有小部分是相邦司馬賙忠于中山王的表態外，其餘全是王譽本人的話。其中提到公元前三一四年燕王噲讓位于相國子之所引起的燕國內亂，以及齊國趁機攻燕，王噲與子之俱死事。王譽以此事告誡嗣王，不要讓燕國事件在中山國發生。銘文用大量的篇幅稱頌相邦司馬賙的功績，并讓他好好輔助嗣王。從銘文內容看，兩器無疑屬王譽本人所有，并非爲他人作器，更沒有贈給別人的語句。這兩件器物同出在一號墓，應爲王譽死後的重要隨葬品。

從圓壺銘看，作器者爲好盗（音子次）。圓壺的銘文內容與中山王譽鼎、中山王譽方壺的基本相同。好盗歌頌的先王就是中山王譽。圓壺亦出土于一號墓，它應當是王譽的兒子好盗爲其父隨葬的器物。

一號墓出土的銅圖板上的刻銘有『王命賙爲兆法，……其一從，其一藏府』的話。朱德熙教授在有關中山國學術座談會上說：『從藏只能從王，不能從相邦。』這顯然是正確的。

在一號墓所出的錯金銀框架中，有兩件刻有『王』字，這更爲一號墓爲王墓提供了可靠的根據。

一號墓的時代，可用以下材料推證。首先，其圜底鼎器腹肥碩，具粗短的馬蹄足，與河南輝縣趙固戰國中期一號墓出土的一件銅鼎形狀相若[43]。其次，中山王譽方壺這種到漢代稱作『鈁』的方形壺，是從戰國中期才開始發展起來的。第三，中山王譽鼎和中山王譽方壺器壁較厚，造型顯得沉重，這是戰國中期銅器的一個重要特點，戰國後期之器則趨向單薄了。第四，銅鼎與方壺均爲中山王譽十四年作器，內容都談到了公元前三一四年燕國內亂外患的事件，因而兩器的作器時代可能在前三一四年或稍晚。圓壺作器時間要麼晚于鼎與方壺，要麼壺是舊器，在譽死後，其子**好蚉**添加了刻銘。

從上面幾點，可初步確定一號大墓的墓主是中山王譽，他埋葬于公元前三一四年或稍後。因此，其墓中所出的青銅器可作爲此一時期的標準器。

（2）中山國的世系

關于中山國的世系，古籍記載是很不清楚的，銅器銘文可補充文獻之不足。

《史記・趙世家》載，獻侯『十年，中山武公初立。』《集解》引《世本》云：『中山武公居顧，桓公徙靈壽。』獻侯十年爲公元前四一四年，顧即今定縣。又趙烈侯元年（前四〇八年）中山被魏文侯所滅。從中山武公立到被魏滅，前後共七年時間，是哪個王被魏滅了呢？古籍載：『桓公不恤國政，……後兩年果滅。』桓公被滅後，又復了國，并徙都靈壽（今平山三汲）。在魏滅中山到桓公復國的七年中，魏仍保留了中山國國名，而另封魏人守中山。據文獻記載，受封者有魏文侯的太子擊和少子摯。

方壺銘有『惟朕皇祖文武，桓祖成考』，鐵足銅鼎銘有『先祖桓王，邵考成王』之語，作器者既爲王譽，他的皇祖就是文王、武王，祖父就是桓王，父親就是成王，兒子就是**好蚉**。《史記・秦本紀》說，昭襄王八年（前二九九年）『趙破中山，其君亡，竟死齊。』《史記・趙世家》載，中山被滅後（前二九五年）『遷其王于膚施』。從這兩條史料分析，前二九九年葬齊的王可能就是王譽之子**好蚉**，前二九五年被趙遷到膚施的王應爲**好蚉**奔齊後中山新立的王，從父子繼承制來看，這個王很有可能是**好蚉**的後代。《戰國策・趙策》記，中山滅亡後，『有名勝者，不知所終』。鮑注云：『勝，中山之後』，推測勝應是被遷膚施的那個王的後代。

這樣我們就可以初步排出中山國王完整的世系：

文—武—桓—成—譽—**好蚉**—遷到膚施的王—後嗣勝

中山國從公元前四一四年武公初立，至公元前二九五年滅亡，國存一百一十九年。如從中山文王算起，一共經歷七代國君和亡國的一代後嗣。

（3）中山王的葬制

插圖一八　兆法（域）圖版及其銘文釋文
七十年代河北平山三汲中山國王墓出土。
長96、寬48、厚約1厘米。

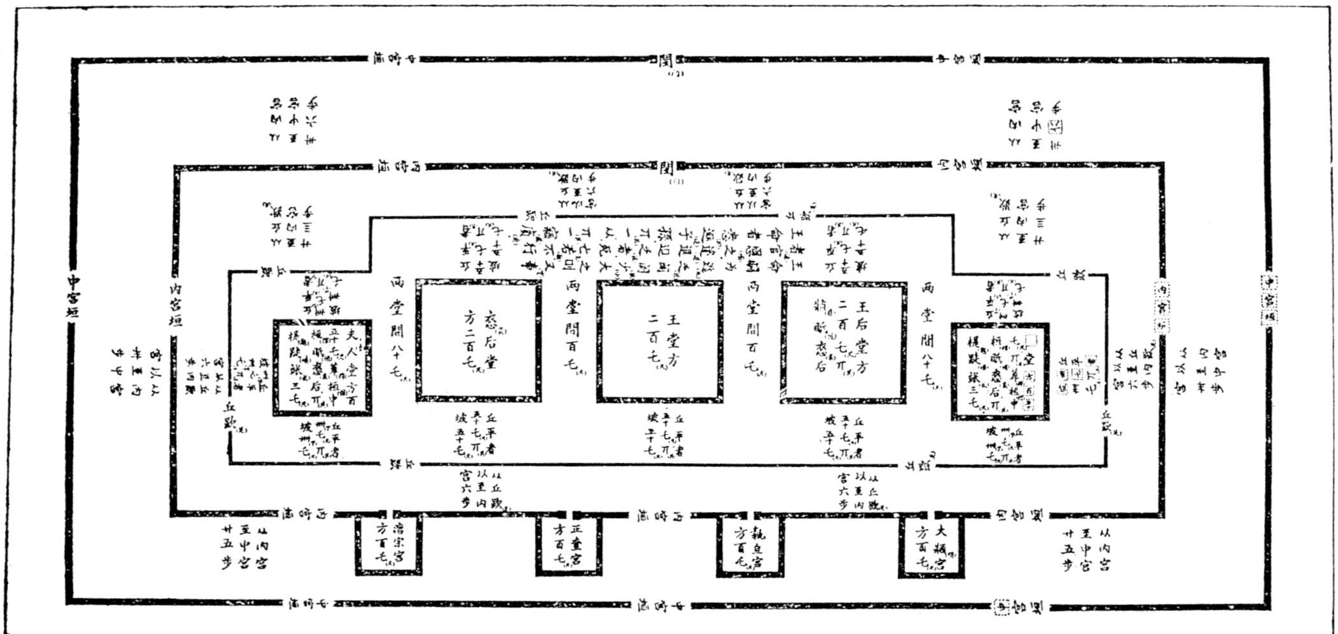

一號墓出土的長方形銅圖板是迄今我國最早的古代墓葬建築平面圖，其銘文和宮、堂線條均用金銀嵌成。目前對這幅圖的叫法不同，有人稱它爲『宮堂圖』，有人稱它爲『兆域圖』，也有人稱它爲『享堂圖』。我們認爲，應按銘文內容『王命賙爲兆法』的『兆法』一詞來定名，可稱此銅板爲『兆法圖』。『兆』即葬域，『法』有標準與規劃的意思，『兆法』即葬域的標準與規劃。『兆法』的『法』引申而言，包含了統治階級的意志，因而銘文中說，凡改變規劃者『死無赦』，甚至要『殃及子孫』。

兆法圖畫出了內宮垣與中宮垣，在內宮垣北垣還畫有四個宮。圖上標明了從丘至內宮，從內宮至中宮的距離等。內宮垣有丘（高台），丘上置五個堂，有王堂，忩后堂，王后堂，夫人堂，另外一個堂銘文字跡不清，不好確定。五堂分別劃定了面積等規格（插圖一八）。這樣的堂應爲建在墳墓上的廟堂，即後世的享堂。安陽殷墟五號墓塡土之上的房基，應是目前所見最早的墓上『祭祀之所』㊹。此外，在河南輝縣固圍村戰國一、二、三號大墓的墓室正頂，也發現有建築遺存㊺。

應當指出，這張兆法圖只是一個規劃圖，當時幷沒能全部完成。

一號大墓內出土一件帶有雷紋和三角紋的大銅鉞，從其形制與花紋看，時代可推到春秋。鉞上有銘：『天子建邦，中山侯惟』等字樣，可知中山王的等級爲侯爵。按禮，侯爵應用七鼎之制，而一號與六號墓出土的代表權力象徵的列鼎却各達九件，這反映了中山王的僭越。從出土的兩組列鼎的形狀特徵，也可看出當時的僭越情況。一號墓九件列鼎中第二、第三兩鼎的鼎蓋爲有三環鈕的平蓋，這與其他七鼎的隆起的蓋迥然有別，兩件平蓋鼎顯然是在七鼎的基礎上後配上去的。六號墓九件列鼎中的首鼎與末鼎也應是後配的，其首鼎腹部多一道凸弦紋，末鼎鼎足細長，耳高高翹起，這與其他七器的馬蹄足、外侈耳全然不同。

《禮記·郊特牲》記，『鼎俎奇而籩豆偶』，兩座中山王墓出土的豆都成偶數，而出土的小鼎基本上成奇數。由此可見，中山國基本沿襲了西周以來的制度。

（二）

白狄建立的中山國，處在燕、趙等幾個大國之間，受華夏族影響很大，因而其青銅器具有

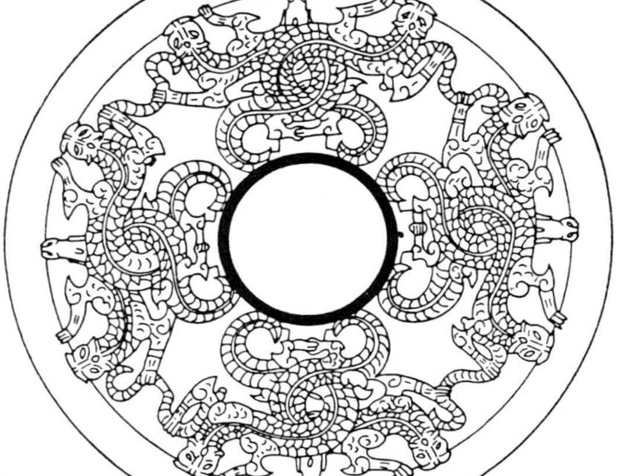

插圖一九　中山國之鳥柱盆底座紋飾

器見圖版一六四。

許多華夏族的特點。例如，中山王嚳十四年鐵足銅鼎及共出的幾件列鼎，均爲附耳扁圓腹，具三只粗短的馬蹄足，并有三環鈕的隆蓋，這與河南輝縣趙固戰國中期一號墓出土的銅鼎相若。其他如編鐘、圓壺、方壺、三犧鳥紋鼎、素面鬲、鑲嵌雲紋豆、錯金銀嵌綠松石犧尊、鳳首壺等等，都與同時代的華夏族銅器別無二致。

有些中山國銅器兼有本民族和華夏族的特點。例如，一般圓鼎多爲圓腹、圜底，而兩座中山王墓的圓鼎則爲圓腹、平底。細孔流素面鼎的造型與西周中期以後出現的帶流鼎區別不大，唯大平底和流口部分較特殊，其流口作實體封閉式，流前端似蓮蓬，有十個圓形小孔，構思非常巧妙。細孔流鼎爲首次出土，它可能與西周以後出現的帶流鼎有相同的用途，只是在傾倒汁液時，前者更科學，更方便，可使渣滓不致傾出。銅鬲外表雖然是鬲的形式，但不是空足，而是實足。一號墓出土的大甗，高六二、口徑四四厘米，這麽大的甗是不多見的。甗爲蒸食器，全器分上下兩截，上爲甑，下爲鬲，發展到漢代，鬲則變成無足的釜了。一號大墓銅甗的下半部很象是釜，但仔細觀察，『釜』的下半部還保留有三隻小足，這應看作是從鬲到釜的過渡形式。銅簠口不外侈，腹體作直上直下式，與戰國的楚王酓肯簠很相似。較特殊的是，其器腹兩端飾圓環耳，蓋鈕與器足形狀不一致，足作曲尺形，蓋鈕爲環狀，而且其足間還鑄有下垂的舌狀飾。蓮瓣紋是春秋以後發展起來的一種裝飾，它多浮雕在簠和壺的蓋上。一號大墓出土的幾件簠上的舌狀飾看起來也很像一蓮瓣。另外，方座豆、平蓋豆也是極爲罕見的。方座豆與華夏器大體無別，唯其方座，頗具特色。

中山國也有一些獨具本民族特點的青銅器。最引人注目的是兩座王墓出土的大型山字形器，其中一號墓出五件，六號墓出六件。目前學者們對山字形器的性質還有不同的看法。筆者以爲，這種器物可能是典禮時用的儀仗，它有如商周銅器上的族徽，應是中山國國家的標誌，一定意義上也是王權的一種象徵。其他如瓦紋簋形燈、鷹柱盆、十五連盞燈、四龍四鳳方案、雙翼神獸、虎噬鹿插座、犀形插座、牛形插座（插圖一九至二五）等等，也都具有中山國的文化特色。而青銅帳具、扁壺、以及虎、鹿、猴等多種動物形象則反映了白狄建立的中山國仍保留着北方游獵民族的習俗。

戰國時期的青銅器有的簡單粗陋，有的華美精緻。中山王墓的銅器也具有上述的特點。簡陋者如一、六號墓出土的列鼎、圓壺、簠、豆等，一般都爲素面。精美者如一號墓出土的錯金銀龍鳳方案，錯金銀虎噬鹿揷座，嵌綠松石、嵌紅銅勾連雷紋方壺，錯金銀框架以及六號墓出土的銀首人俑燈，團花紋三犧小蓋鼎等，都有着極高的藝術價值。

精美的器物多採用金屬細工（包括鑲嵌紅銅和綠松石，金錯和銀錯）。所謂金屬細工就是把紅銅、金、銀絲或片以及綠松石嵌在器表，鑲成不同的紋飾或文字，由于嵌上去的金屬等與銅質顏色不同，就產生了豐富的藝術效果。一般常見的金屬細工器物，要麼嵌有綠松石與金銀，如一九六四年山東臨淄商王莊出土的金銀錯嵌綠松石三鈕銅鏡[46]；要麼單嵌紅銅，如上海博物館收藏的一九二三年山西渾源李峪出土的鑲嵌狩獵紋豆。而平山三汲一號墓出土的方壺則嵌有綠松石和紅銅，這還是很少見的。中山器嵌入的紅銅絲細如毛髮，工藝非常精湛。

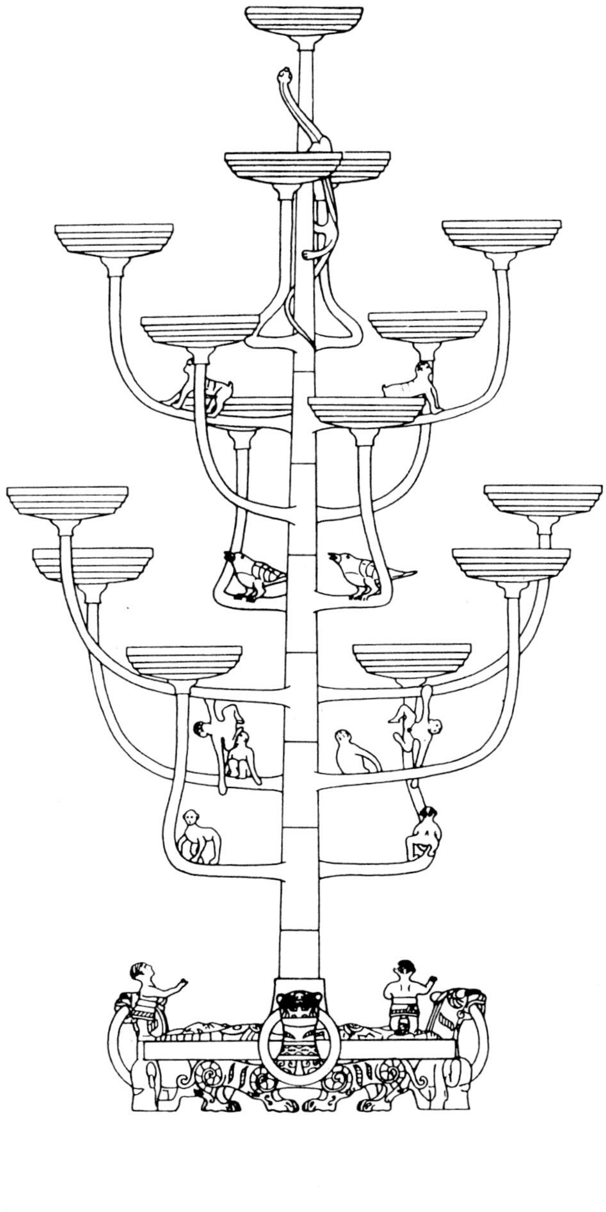

揷圖二〇　中山國之十五連盞燈

見圖版一七六。

1. 方形案框
2. 勾連雲紋
3. 斗拱
4. 龍
5. 羽毛紋
6. 牡鹿
7. 牝鹿
8. 鳳
9. 花斑羽紋
10. 長羽紋
11. 環形座

插圖二一　中山國之錯金銀四龍四鳳方案

見圖版一六五——一六七。

平山三汲兩座大墓出土的錯金銀器是巧奪天工的藝術杰作，它們不但表現了工藝的精進，而且表現了構思的縝密。錯金銀四龍四鳳方案底座下以四臥鹿爲足，底座上四龍四鳳相互糾結，龍張口，鳳昂首，每一龍頭頂一斗栱，上承方案。該器造型之美、技藝之高，令人嘆爲觀止。虎噬鹿插座，把凶猛的老虎和掙扎的小鹿雕刻得活靈活現，實爲一件藝術珍品，難怪有的學者講，這件文物可以與甘肅出土的馬踏飛燕相媲美。戲猴十五連盞燈，整體貌似一棵大樹，樹上群猴戲耍，鳥雀爭鳴，樹下二人拋食喂猴，樹上群猴則作伸手接食狀。這一圖景反映了製作者的豐富想象力。上述情況說明，戰國中期中山國的金屬細工工藝已達到了相當高的水平。

戰國時期金屬細工工藝的發展，是與當時手工業內部的細密分工和生產力的提高，尤其是與鐵工具的使用分不開的。《荀子》和《禹貢》等古籍中所見的『鉅』和『鏤』字，一般注釋家都認爲是可以刻鏤的『鋼鐵』。近年考古發現的一些最早的有關鋼的實物資料表明，鋼製工具的出現爲戰國銅器普遍採用金屬細工刻鏤工藝創造了物質條件。

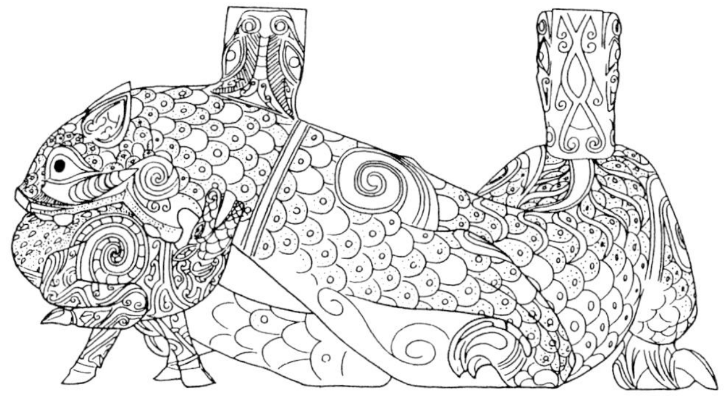

插圖二二　中山國之錯金銀虎噬鹿插座

見圖版一七二。

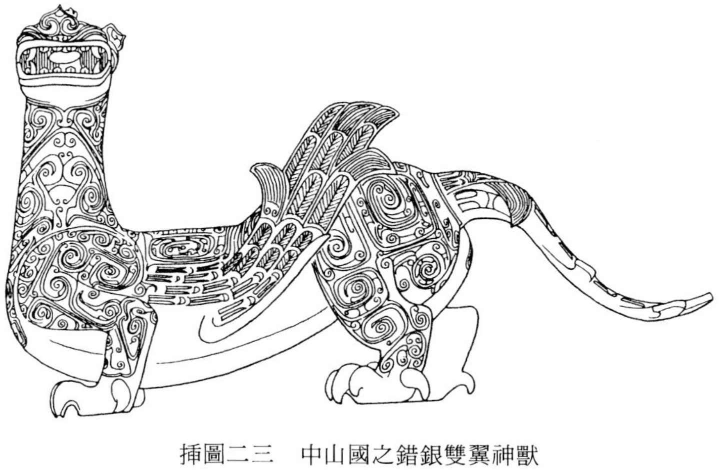

插圖二三　中山國之錯銀雙翼神獸

見圖版一七〇。

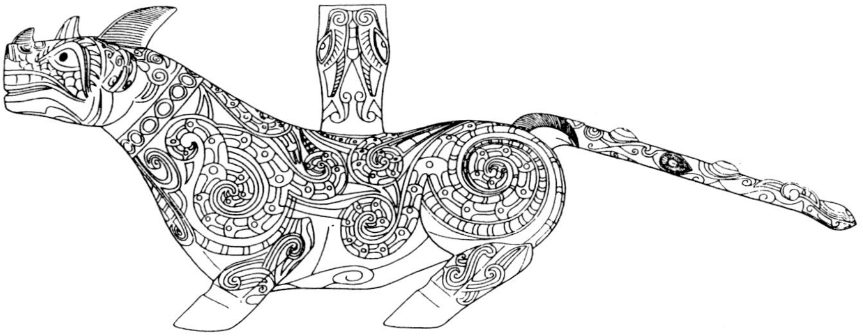

插圖二四　中山國之錯金銀犀形插座
見圖版一七三。

插圖二五　中山國之錯金銀牛形插座
見圖版一七四。

中山國器的銘文除一件圓壺圈足上有一道鑄銘外，其餘都是刻銘，這與戰國銅器銘文的時代特點是一致的。鐵足銅鼎從蓋以下至足上端均刻文字，圓壺銘文每行三字，首尾相聯，文字排列均勻整齊，布局非常嚴謹。

中山國銅器銘文字體接近汗簡，豎道往往引長下垂，尾端尖銳，很像魏正始石經和魏晉印章上稱之爲『懸針篆』的筆法，可說是開懸針篆之先河。中山國銘文書法俊秀，刀法嫻熟，實爲戰國時期書法藝術中的佳作（插圖二六）。

總而言之，中山國青銅器的銘文內容豐富，可補歷史文獻的佚缺；中山國青銅器的鑄造精美華麗，是研究古代青銅藝術的珍貴資料。有的學者稱中山國銅器爲『富麗的中山國銅器』，是一點也不誇張的。

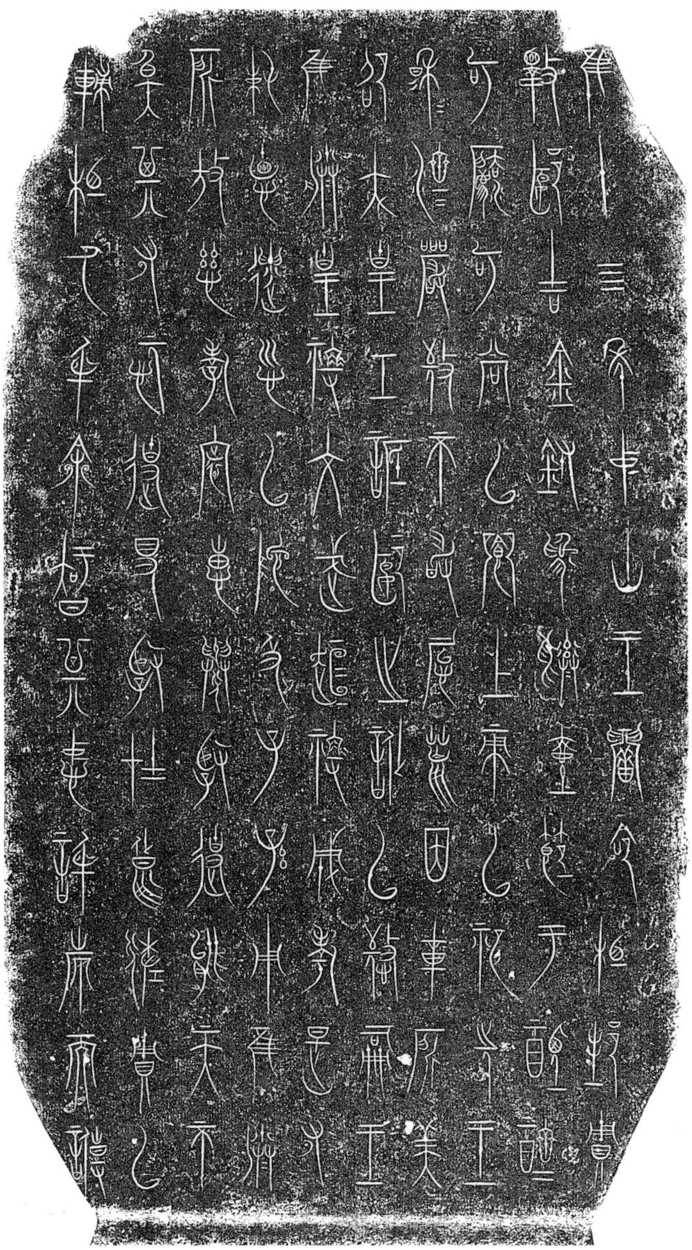

插圖二六　中山王譽方壺之銘文

器見圖版一五四。

附注

①司馬遷撰：《史記·齊太公世家》。

②齊文濤：《概述近年來山東出土的商周青銅器》，《文物》一九七二年五期。

③同②。

④臨朐縣文化館等：《山東臨朐發現齊、鄩、曾諸國銅器》，《文物》一九八三年十二期。

⑤張劍：《齊侯盂銘文的新發現》，《文物》一九七七年三期。

⑥同②。

⑦山東省煙台地區文管組：《山東蓬萊縣西周墓發掘簡報》，《文物資料叢刊》第三集，文物出版社。

⑧南京博物院：《江蘇漣水三里墩西漢墓》，《考古》一九七三年二期。

⑨河北省博物館、文物管理處：《河北省出土文物選集》第一四九圖，文物出版社，一九八〇年。本書第一一一圖。

⑩山東省博物館等：《山東長淸崗辛戰國墓》，《考古》一九八〇年四期第三二七頁；李劍、張龍海：《臨淄出土的幾件青銅器》，《考古》一九八五年四期第三八一頁。

⑪杜迺松：《青銅器小辭典》，文物出版社，一九八〇年。

⑫郭沫若：《兩周金文辭大系圖錄考釋》一書著錄一件魯原鐘。

⑬山東省文物考古研究所等：《曲阜魯國故城》第一八五頁，齊魯書社，一九八二年，濟南。

⑭山東省文物考古研究所等：《曲阜魯國故城》第一九〇頁，齊魯書社，一九八二年，濟南。

⑮王軒：《山東鄒縣七家峪村出土的西周銅器》，《考古》一九六五年十一期。

⑯該器已著錄，見淸·曹載奎：《懷米山房吉金圖》下。

⑰郭沫若：《兩周金文辭大系圖錄考釋》著錄有魯伯愈父所作的五件鬲銘文拓本。

⑱中國科學院考古研究所、北京市文物管理處、房山縣文教局琉璃河考古工作隊：《北京附近發現的西周奴隸殉葬墓》，《考古》一九七四年五期。

⑲河北省文化局文物工作隊：《河北易縣燕下都第十六號墓發掘》，《考古學報》一九六五年二期。

⑳河北省文物管理處：《河北易縣燕下都四十四號墓發掘報告》，《考古》一九七五年四期。

㉑駒井和愛：《燕國的雙龍紋瓦當》，《中國考古學論叢》，一九七四年。

㉒該器原存德國柏林博物館，二戰結束後，被蘇聯軍隊運至彼得堡。

㉓該器今藏南京博物院。

㉔敖承隆、李曉東：《河北省懷來縣北辛堡出土的燕國銅器》，《文物》一九六四年七期。

㉕匜係蔡叔季之孫貫媵孟姬有之的器物，應屬蔡器，但與燕器相配亦可看到組合情況。

㉖河北省文物研究所：《河北新樂中同村發現戰國墓》，《文物》一九八五年六期。綜合考察出土情況，此墓及其器物應屬春秋晚期。

㉗ 安志敏：《河北唐山賈各莊發掘報告》，《考古學報》第六册。

㉘ 廊坊地區文物管理所等：《河北三河大唐迴、雙村戰國墓》，《考古》一九八七年四期。

㉙ 同㉘。

㉚ 據簡報介紹，該墓出土的部分青銅器已散失，報道的只是出土青銅器的一部分。

㉛ 程長新：《北京市通縣中趙甫出土一組戰國青銅器》，《考古》一九八五年八期。

㉜ 程長新：《北京市順義縣龍灣屯出土一組戰國青銅器》，《考古》一九八五年八期。

㉝ 參見㉗、㉛。

㉞ 河北省博物館、文物管理處：《河北省出土文物選集》第一七五圖，文物出版社，一九八〇年五月。本書第一〇二圖。

㉟ 同⑨。

㊱ 西石邱村出土的匜，今藏正定博物館。

㊲ 《中國文物精華》第一一七圖，文物出版社，一九九二年。

㊳ 參見郭沫若《兩周金文辭大系圖錄考釋》收錄的燕器。

㊴ 參閱河北省博物館、文物管理處《河北省出土文物選集》第七五、七六頁有關銘文釋文。

㊵ 河北省文物管理處：《燕下都第二十三號遺址出土一批銅戈》，《文物》一九八二年八期。

㊶ 《後漢書·光武帝紀》注引張曜《中山紀》。

㊷ 河北省文物管理處：《河北省平山縣戰國時期中山國墓葬發掘簡報》，《文物》一九七九年一期。

㊸ 《輝縣發掘報告》。

㊹ 陳夢家：《殷墟卜辭綜述》。

㊺ 同㊸。

㊻ 同②。

圖版

一　變形交龍紋鼎　春秋早期

三　變形龍紋鼎　春秋早期

二　龍紋鼎　春秋早期

四　兩頭龍紋鼎　春秋早期

五　國子鼎　春秋晚期

六、七　錯金銀鼎　戰國晚期

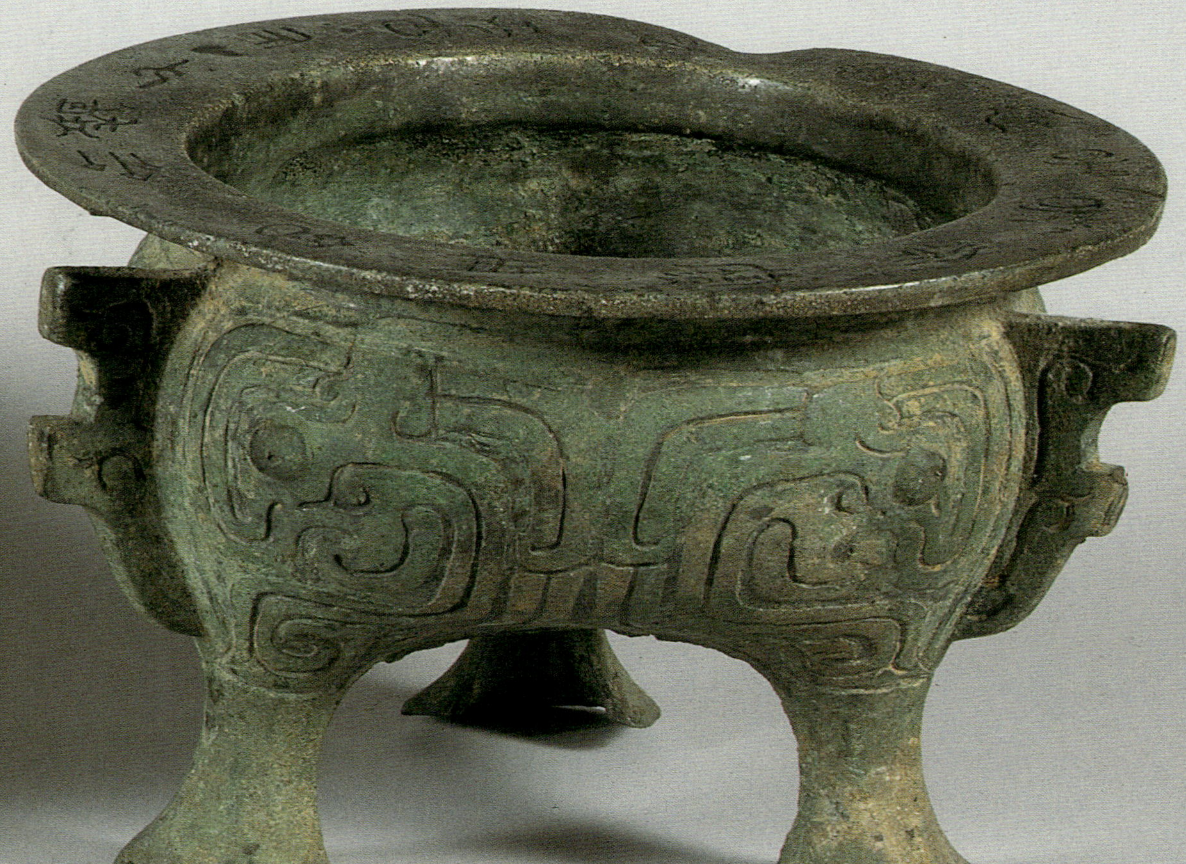

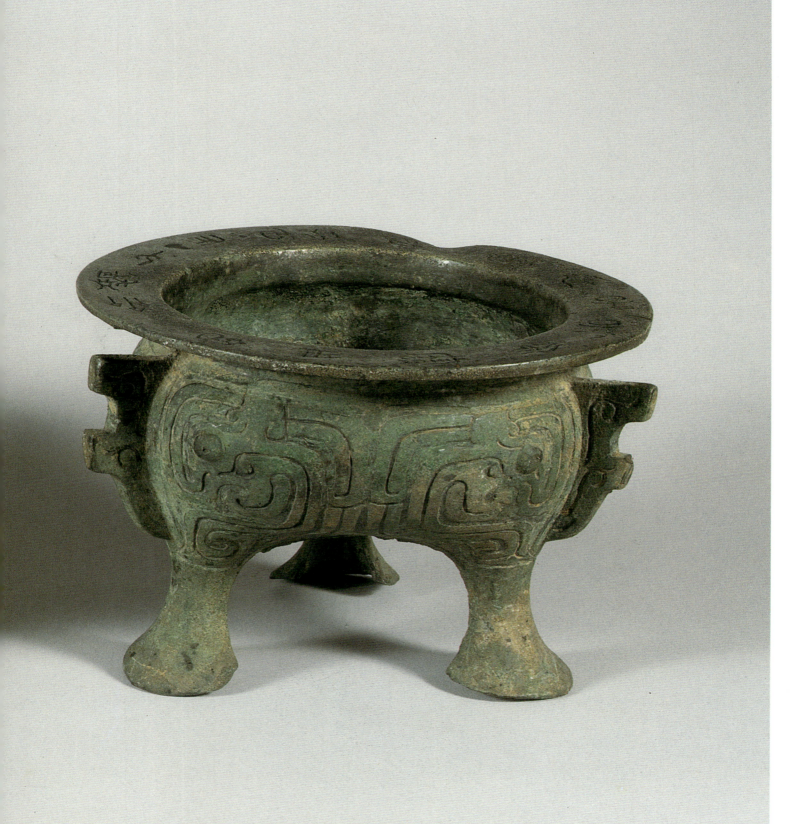

九　龍耳簋　春秋中期

八　齊趫父鬲　春秋早期

一〇　龍耳簋　春秋中期

一一　陳侯午簋　戰國中期

一二　陳曼簠　戰國早期

一三　人形足敦　春秋中期

一四　乳釘紋敦　春秋晚期

一五　陳侯午敦　戰國中期

一六　陳侯午敦　戰國中期

一七　奩形敦　戰國晚期

一八　國子豆　春秋晚期

二〇　提鏈簋形卣　春秋早期

一九　鑲嵌幾何紋豆　戰國早期

二一　交龍紋三環耳扁壺　春秋早期

二二　庚壶　春秋中期

二三　洹子孟姜壺　春秋晚期

二四　國子壺　春秋晚期

二五　公孫竈壺　春秋晚期

二六　陳喜壺　春秋晚期

二七　鷹首提梁壺　戰國早期

二八　錯銀立鳥壺　戰國晚期

二九　龍紋罍　春秋中期

三〇　國差𦉜　春秋中期

三一　乳釘紋鉶　春秋晚期

三二　鳳鳥鈕銗　戰國晚期

三三　齊侯盂　春秋晚期

三四　兩頭龍紋盆　春秋早期

三五　齊縈姬盤　春秋中期

三六　鷹嘴匜　戰國早期

三七　𪒠鎛　春秋早期

三八、三九　莒公孫朝子鎛　戰國早期

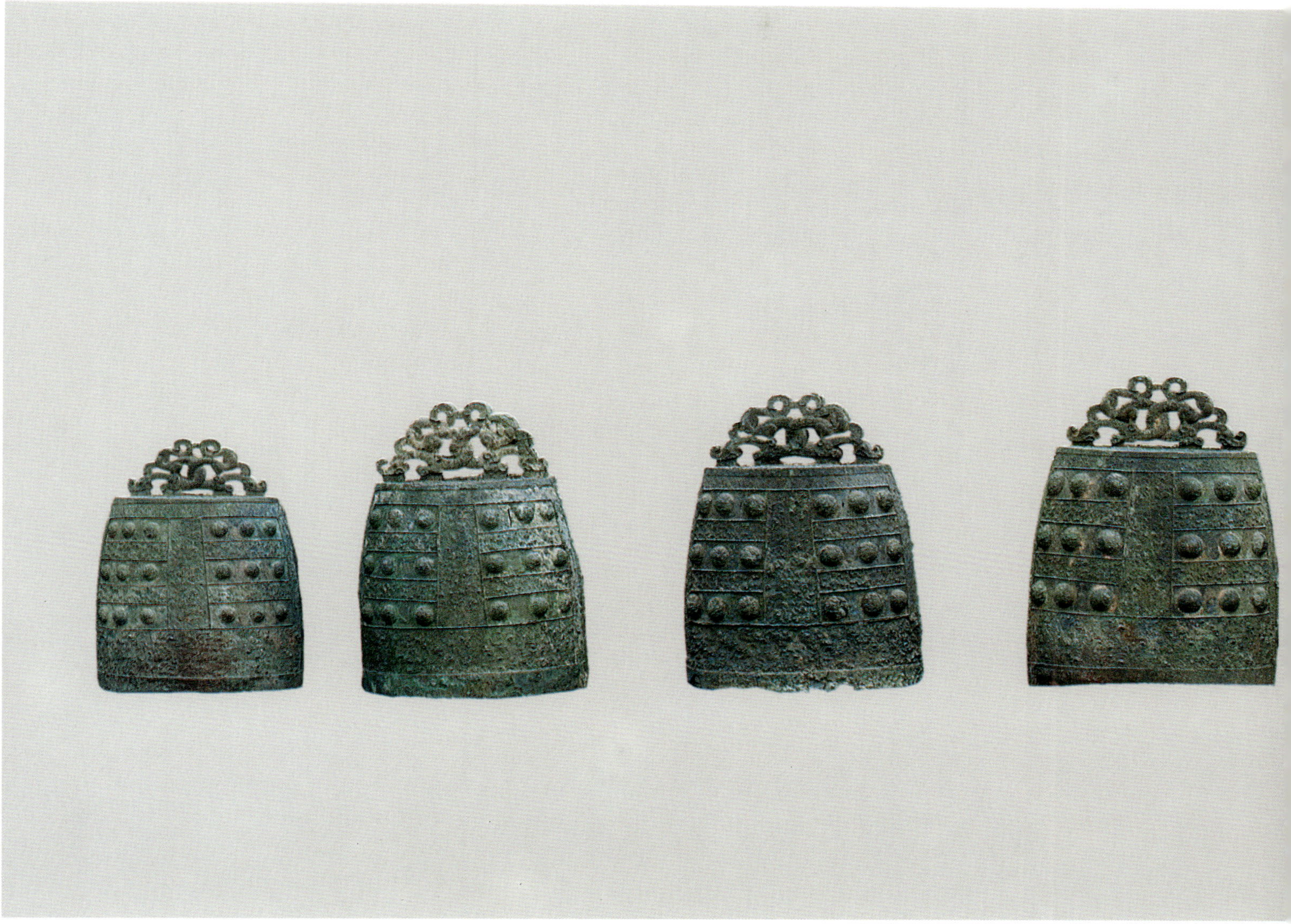

四〇、四一　莒公孫朝子鐘　戰國早期

四二　左關鋘　戰國早期

四三　陳純釜　戰國早期

四四　子禾子釜　戰國早期

四五　錯金銀犧尊　戰國中期

四六　錯金銀犧尊　戰國中期

四七　立馬　戰國晚期

四八　嵌綠松石臥牛　戰國晚期

四九　鲁侯鼎　春秋早期

五〇　鲁伯愈父鬲　春秋早期

五一　鲁大司徒�　春秋中期

五二　鋪首鏈梁壺　戰國早期

五三　龍紋盆　春秋中期

五四　鲁伯厚父盘　春秋早期

五五　鲁伯者父盘　春秋早期

五六　鲁伯愈父盤　春秋早期

五七　變形獸體紋匜　春秋早期

五八　鲁伯愈父匜　春秋早期

五九　鲁士商叡匜　春秋早期

六〇　錯金銀杖首　戰國早期

六一　嵌金銀帶鈎　戰國早期

六二　鎏金鑲玉帶鈎　戰國中期

六三　獸面紋鼎　春秋中期

六四　交龍紋鼎　春秋中期

六五　變形龍紋鼎　春秋中期

六六　龍紋鼎　春秋中期

六七　渦紋鼎　春秋中期

六八　變形龍紋鼎　春秋中期

六九　變形獸體紋鬲　春秋中期

七〇　公簋　春秋中期

七一　盒形敦　春秋晚期

七二　變形龍紋罍　春秋中期

七三　瓦紋𨱔　春秋早期

七四　兩頭龍紋𦉜　春秋中期

七五　公壶　春秋中期

七六　莒大叔瓠形壶　春秋晚期

七七、七八　交龍紋盤　春秋中期

七九　費敏父鼎　春秋早期

八〇　交龍紋卵形鼎　戰國早期

八一　杞伯敏亡簋　春秋早期

八二　薛子仲安簠　春秋早期

八三　杞伯敏亡壺　春秋早期

八四　蟠龍紋方壺　春秋早期

八五　曲折紋壺　春秋早期

八六　薛侯行壶　春秋早期

八七　鄀仲匜　春秋早期

八八　夆叔匜　春秋晚期

八九　邾公牼鐘　春秋晚期

九〇　邾公釛鐘　春秋晚期

九一　曹公子沱戈　春秋晚期

九二　鳥飾支架　春秋晚期

九三　勾連雷紋鼎　春秋晚期

九四　蟠龍紋鼎　戰國早期

九五　蟠龍紋鼎　戰國早期

九六　乳釘蟠蛇紋鼎　戰國早期

九七　龍紋鼎　戰國早期

九八　交龍紋鼎　戰國早期

九九　三犀鼎　戰國早期

一〇〇　變形蟠龍紋甗　戰國早期

一〇一　絡紋簋　戰國早期

一〇二　絡紋簋　戰國早期

一〇三　絡紋簋　戰國早期

一〇四　環鈕蛇紋高足敦　戰國早期

一〇五　鳥鈕蛇紋高足敦　戰國早期

一〇六　鳥鈕雷紋高足敦　戰國早期

一〇七、一〇八　鳥鈕獸紋高足敦　戰國早期

一〇九　變形蟠龍紋敦　戰國早期

一一〇　變形蟠龍紋敦　戰國早期

一一一　勾連雷紋敦　戰國早期

一一二　人形足敦　戰國晚期

一一三　錯紅銅龍紋豆　春秋晚期

一一四　蟠蛇紋豆　戰國早期

一一五　嵌綠松石蟠龍紋豆　戰國早期

一一六　幾何紋長柄豆　戰國早期

一一七、一一八　交龍紋壺　春秋晚期

一二〇　羽翅紋鏈梁壺　戰國早期

一一九　嵌紅銅狩獵紋壺　戰國早期

一二一　陳璋方壺　戰國中期

一二二、一二三　金銀錯銅絲網套壺　戰國中期

一二四　交龍紋壺　戰國早期

一二五　絡紋扁方壺　戰國早期

一二六　絡紋圓壺　戰國早期

一二七　瓠形壺　戰國早期

一二八　兩頭龍紋罍　春秋中期

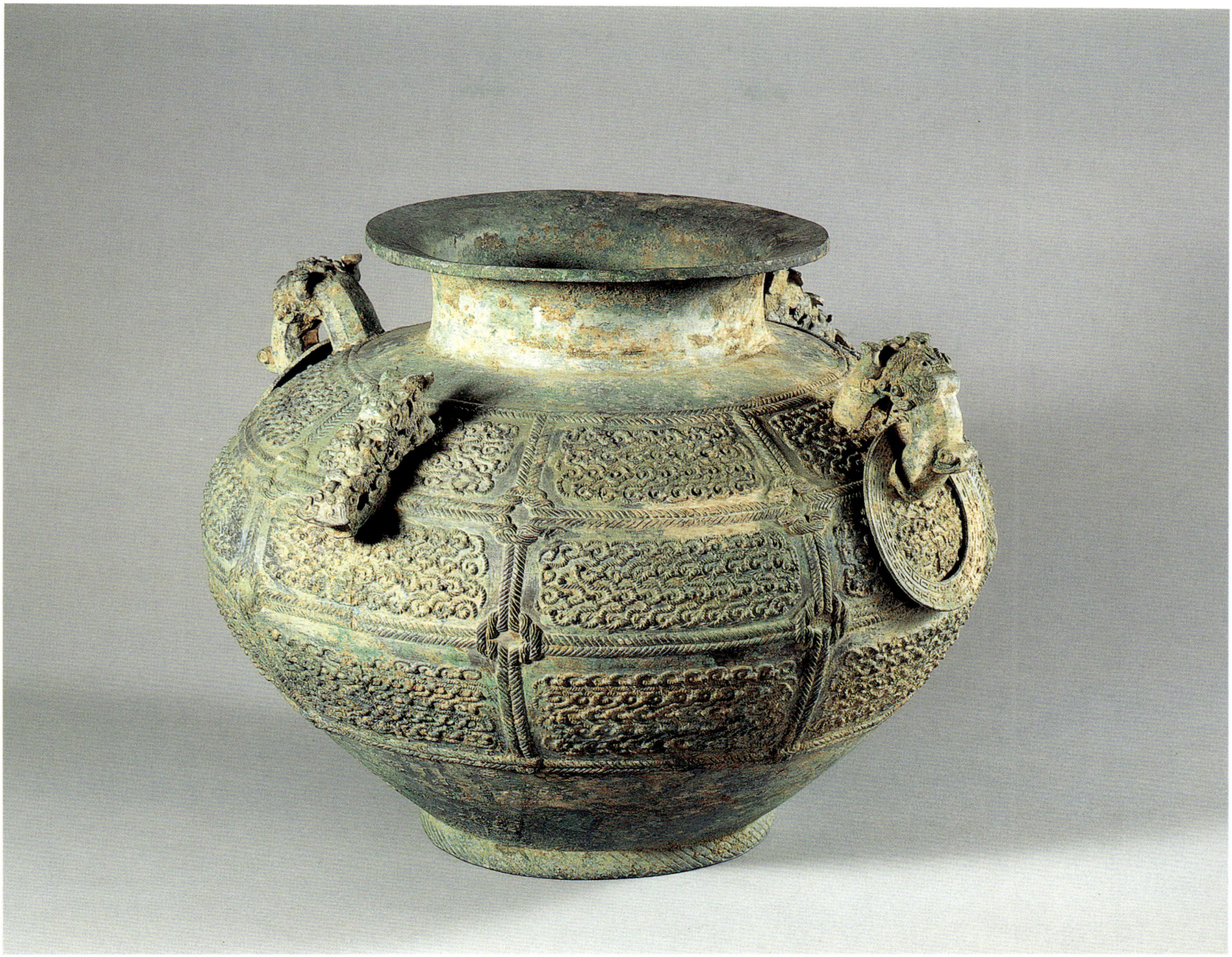

一二九　蟠蛇絡紋𨱔　戰國早期

一三〇、一三一　波曲紋四耳鑑　春秋中期

一三二　龍虎紋雙耳盤　戰國早期

一三三　獸首流匜　戰國早期

一三四　鳥首高足匜　戰國早期

一三五　鳥首高足匜　戰國早期

一三六　“左行議率”戈　戰國中期

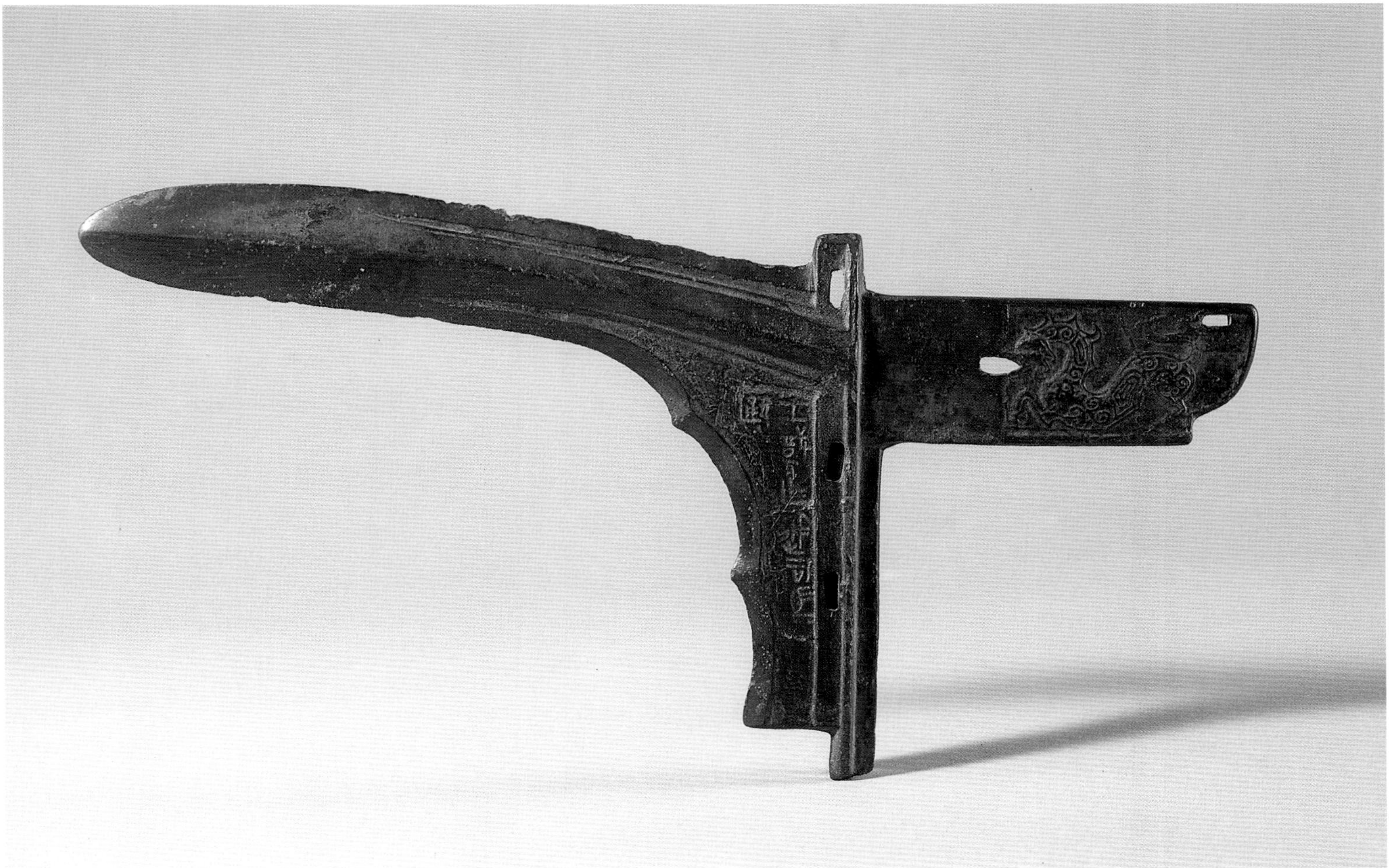

一三七　燕王職戈　戰國晚期

一三八　嵌綠松石柄短劍　春秋晚期

一三九　鏤空樓闕形方飾　戰國晚期

一四一　象形燈　戰國晚期

一四〇　銅人　戰國晚期

一四二　交龍紋車轄、車軎　戰國早期

一四三　立鳳蟠龍大鋪首　戰國晚期

一四五　交龍紋鼎　戰國早期

一四四　中山王嚳鼎　戰國中期

一四六　三犧鼎　戰國中期

一四七　細孔流鼎　戰國中期

一四八　蓋鬲　戰國中期

一五〇　環鈕簠　戰國中期

一四九　弦紋甗　戰國中期

一五一　方座豆　戰國中期

一五二　平盤豆　戰國中期

一五三　宴樂狩獵紋豆　戰國早期

一五四　中山王䜭方壺　戰國中期

一五五　勾連雲雷紋方壺　戰國中期

一五六　好蚉圓壺　戰國中期

一五七　絡紋鏈壺　戰國早期

一五八　提鏈圓壺　戰國中期

一五九　雲鈕扁圓壺　戰國中期

一六〇　鳳首提梁盉　戰國中期

一六一、一六二　編鐘　戰國中期

一六三　中山侯鉞　戰國早期

一六四　鳥柱盆　戰國中期

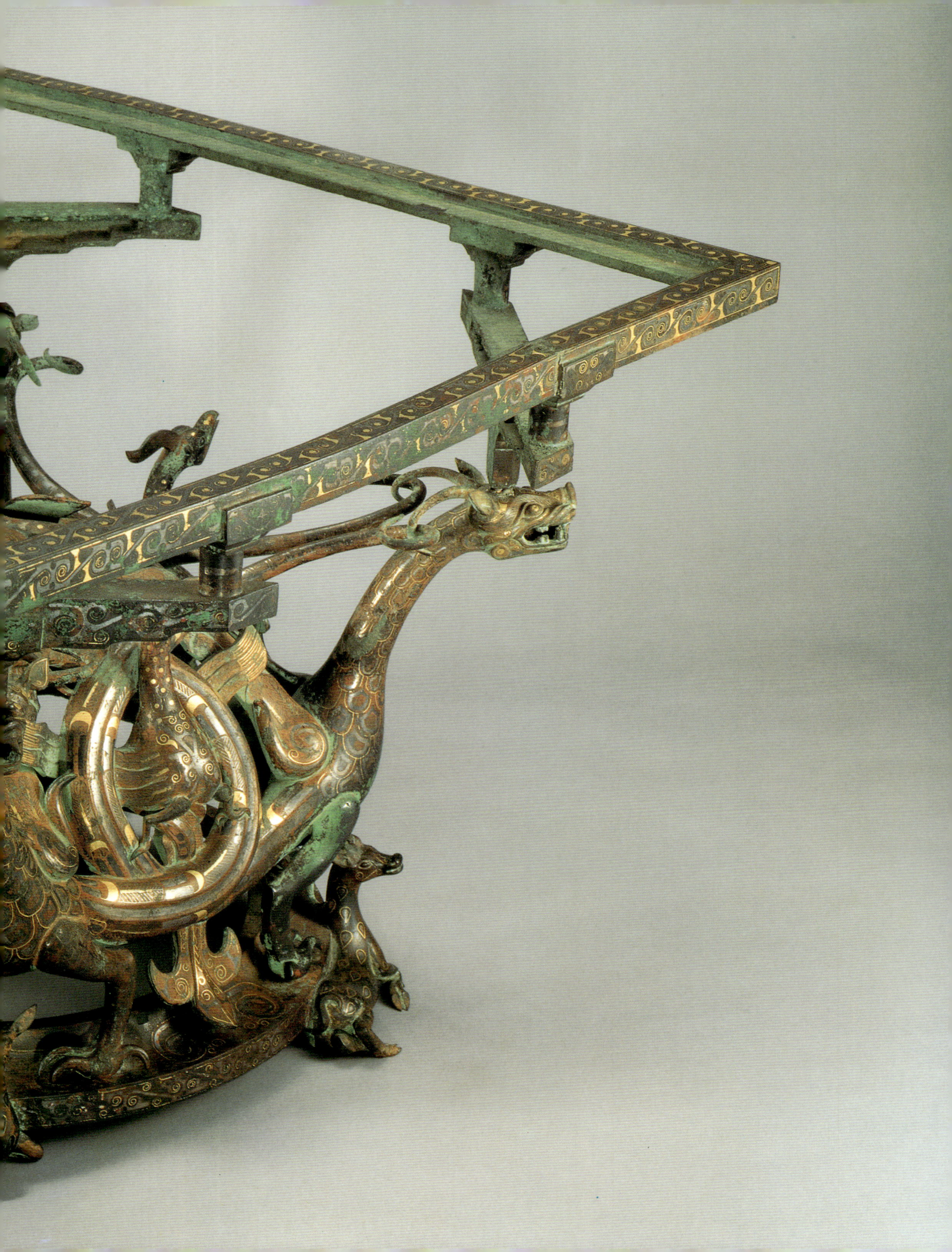

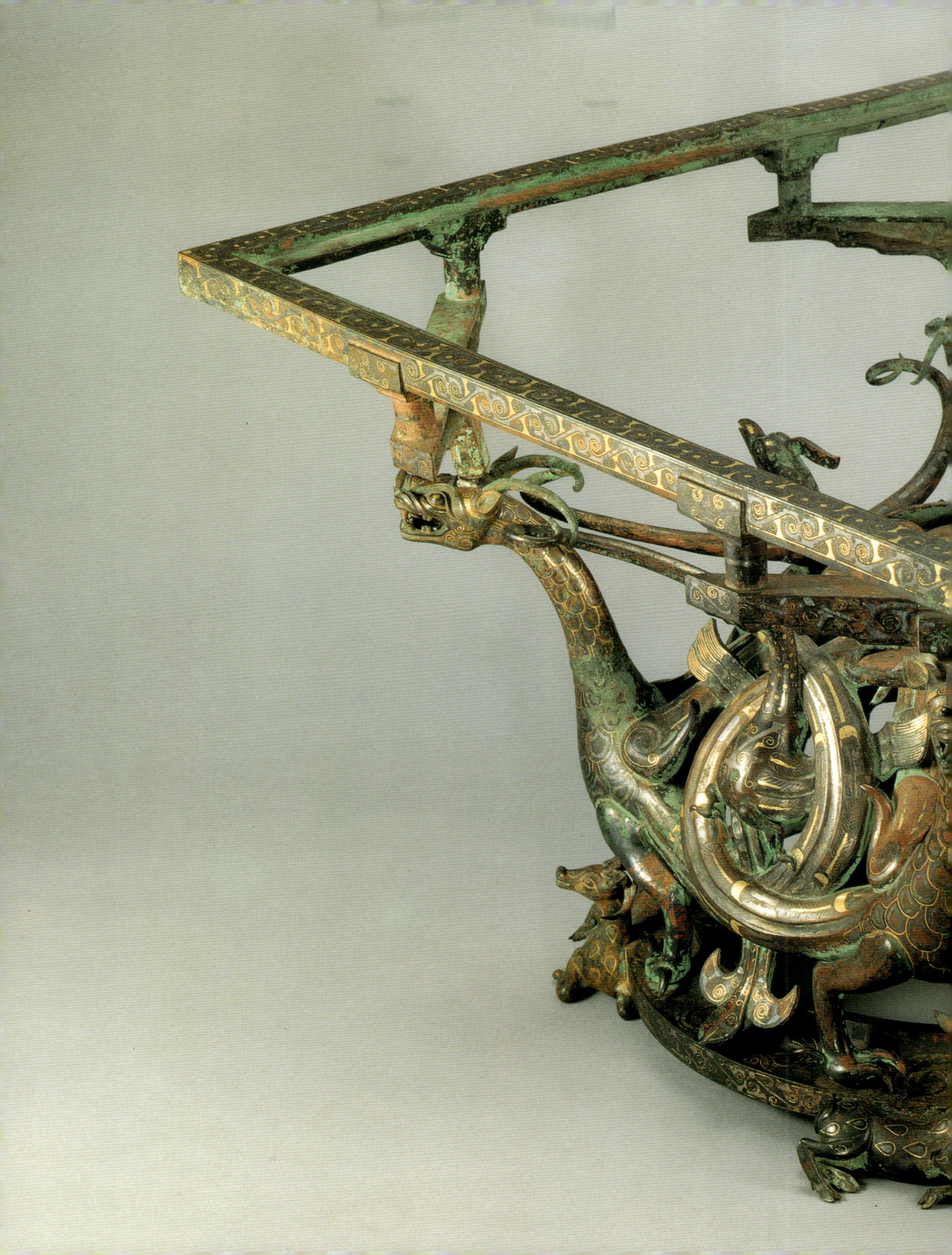

一六五 — 一六七　錯金銀四龍四鳳方案　戰國中期

一六八、一六九　犀足筒形器　戰國中期

一七一　鑲金錯銀犧尊　戰國中期

一七〇　錯銀雙翼神獸　戰國中期

一七二　錯金銀虎噬鹿挿座　戰國中期

一七三　錯金銀犀形插座　戰國中期

一七四　錯金銀牛形插座　戰國中期

一七五　銀首人俑燈　戰國中期

一七六　十五連盞燈　戰國中期

一七七　簋形燈　戰國中期

一七八　山字形器　戰國中期

一七九　鎏金獸紋帶鈎　戰國中期

圖版說明

一　變形交龍紋鼎

春秋早期

通高二三・八、口徑二七・二厘米

山東淄博出土

山東省淄博市博物館藏

器爲平折沿，侈口，沿耳直立，淺腹，圜底，獸蹄形足，最大直徑在口部。腹飾一周變形交龍紋帶和一周凸弦紋，耳外側飾陰線紋和針刺凹點紋，底部有三角形合範痕和煙炱。

此鼎與一九七八年山東滕州薛國故城一號墓所出Ⅰ式鼎、河南陝縣上村嶺出土的Ⅳ式鼎、洛陽中州路二四一五號墓出土的鼎形制相同，而且耳部紋飾與薛故城一號墓六二號鼎、安徽懷寧春秋早期墓所出犧鼎耳部紋飾近似，因此它的年代當屬春秋早期，而這個時期正是齊國政治、經濟和軍事上的繁榮強盛時期。

（徐龍國）

二　龍紋鼎

春秋早期

通高四一厘米

一九七六年山東蓬萊村里集鎮出土

山東省煙台市博物館藏

直耳，深腹，有扉棱，蹄形足。腹、耳飾龍紋，足飾獸面紋。（侯建業）

三　變形龍紋鼎

春秋早期

通高三二、口徑三五厘米

一九七七年十月山東臨朐泉頭村甲號墓出土

山東省臨朐縣文物博物館藏

方立耳，沿面寬厚斜上折，半球形腹，蹄形三足。腹飾變形龍紋和凸弦紋，足根部各飾一扉棱，扉棱兩側輔飾變體魚鱗紋，側視鼎足爲立魚形。（宮德杰）

四　兩頭龍紋鼎

春秋早期
通高二二·五、口徑二七·五厘米
一九九一年山東臨淄高陽鄉出土
山東省臨淄齊國故城博物館藏

平蓋，蓋中心一圓鈕，蓋沿有三個片形鈕；子母口，腹耳，獸蹄足。蓋、腹飾有兩頭龍紋。這種平蓋鼎是齊國的典型器物。

（劉學連）

五　國子鼎

春秋晚期
高二五·七、口徑一八·五厘米
一九五六年山東臨淄出土
山東省博物館藏

平蓋微鼓，蓋中一半環形鈕，邊三個長方形鈕。子母口，腹壁較直，兩側附耳，底近平，三蹄形足。素面，唯腹中部一周凸弦紋。器蓋對銘鑄『國子』二字。

（楊　波）

六、七　錯金銀鼎

戰國晚期
通高一五·五、腹徑一八厘米
一九六五年江蘇漣水三里墩西漢墓出土
南京博物院藏

圓腹，蹄足。蓋作子母口，鈕作臥獸形。蓋飾錯銀蟠龍紋，兩龍軀體交纏于兩獸鈕之間，首尾相銜，形象生動；蓋中心飾錯金漩渦紋。腹部紋飾分兩組，中有一周凸棱相隔，凸棱以上，包括附耳，飾以錯銀雲紋和三角雲紋；凸棱以下，有六組錯銀垂花卷雲紋。

（張正祥）　攝影：郭　群

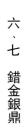

八　齊趫父鬲

春秋早期

高一一、口徑一七·五厘米

一九八一年四月山東臨朐泉頭村二號墓出土

山東省臨朐縣文物博物館藏

兩鬲大小、形制、花紋相同。寬平沿微向外折，束頸，折足，足下端作闊蹄形。腹部與足對應處各飾一扉棱，腹飾象首紋。兩鬲沿面鑄有相同的銘文，各十六字，重文二，大意是齊趫父爲女兒孟姬作此寶鬲，子子孫孫永遠享用。

（宮德杰）

九　龍耳簋

春秋中期

高三三·九、口徑二三·一厘米

故宮博物院藏

造型渾厚雄偉，蓋頂作蓮瓣裝飾，扁圓腹，腹側有雙龍耳，圈足下有與器連在一起的方座。器身與器座均飾波曲紋。

蓮瓣飾多見于簋、壺和豆蓋上，在西周晚期已見端倪，進入春秋後開始增多，并形成了時代風格，在一定意義上反映了春秋變革時期的特點。與這件龍耳簋造型與裝飾相同的還有兩件，一件是一九六五年山東臨淄河崖頭村出土的，今藏于臨淄博物館；另一件傳世品今收藏在美國舊金山亞洲藝術博物館。

波曲紋主要流行于西周晚期至春秋中期，春秋中葉後已很少見到；蓮瓣飾又多見于春秋器上，因而龍耳簋的時代定在春秋早期至中期爲宜。

（杜迺松）　攝影：胡　錘

一〇　龍耳簋

春秋中期
通高三三・五、口徑二二・五、座寬二三・五厘米
一九四〇年前後山東臨淄近郊出土
美國舊金山亞洲藝術博物館藏

造型沉穩莊重，蓋頂以蓮瓣爲飾，束頸鼓腹，圈足與方座相連。腹兩側挺出雙龍耳，龍體健碩，曲頸昂胸，吐舌瞪目，頗具威儀。蓋、腹、座均飾波曲紋，頸、圈足飾鱗紋。花紋清晰，層次分明，與器型相得益彰。

該器與故宮博物院所藏龍耳簋如出一模，均爲典型春秋齊國簋器。

（金　秋）　本圖由美國舊金山亞洲藝術博物館供稿

一一　陳侯午簋

戰國中期
高三三・五厘米
台北故宮博物院藏

兩耳作龍形，其頸直上伸，姿態頗優美。腹及方座均飾波曲紋。腹內銘文十行三十五字，記田齊桓公（即陳侯午）十四年（前三六一年）爲先母孝大妃作此祭器之事。

（金　秋）　本圖由台北故宮博物院供稿

一二　陳曼簠

戰國早期
高一〇・五厘米
台北故宮博物院藏

器作折壁，具四長斜足，足底曲尺形。銘文字體兩端尖銳，共四行二十二字，記齊國陳曼作此器之事。陳曼簠的另一半現藏于上海博物館。

（金　秋）　本圖由台北故宮博物院供稿

一三　人形足敦

春秋中期

通高一三、口縱徑一一·六、橫徑一一厘米

一九六四年山東臨淄齊國故城河崖頭村出土

山東省臨淄齊國故城博物館藏

體略呈圓形，蓋微隆，上有四個環鈕；深腹，兩側各有一環耳；人形足，作跪狀，雙手置于膝上，頭頂敦底。蓋、腹飾縠紋與交龍紋，底有煙炱痕。

（劉學連）

一四　乳釘紋敦

春秋晚期

通高一七·四、腹深九、最大腹圍六七厘米

一九七三年山東臨淄齊故城褚家莊出土

山東省臨淄齊國故城博物館藏

蓋微隆，上有三個倒立小蹄形鈕，可倒置。平口，口沿下有凹形半圓槽，腹側雙環耳，下具三小蹄足。

（劉學連）

一五　陳侯午敦

戰國中期

通高二〇·五、口徑一七·八厘米

中國歷史博物館藏

器呈圓球形。蓋、器上對稱分布三圈鈕以爲支點，在器口緣下兩側還各有一圈耳。器內底有劃線界隔的銘文八行，共三十六字，記述了陳侯午用各諸侯所獻青銅爲其先母孝大妃作敦之事。陳侯午即田齊桓公午。《史記·田敬仲完世家》云：『齊侯太公和立二年，和卒，子桓公午立。』可知田午乃田和之子，後殺齊國君田剡而自立爲桓公。此敦銘文是研究戰國田齊歷史的重要實物資料。

（盛爲人）

一六　陳侯午敦

戰國中期
高一二·三厘米
台北故宮博物院藏

體形厚重敦實，腹側雙環耳，耳上有獸首爲飾，三蹲獸爲足。此器口無內緣，可能不具蓋。銘文與前器相同。器鑄于田齊桓公十四年（前三六一年）。

（金　秋）　本圖由台北故宮博物院供稿

一七　奩形敦

戰國晚期
高一五·五、口徑一五·五厘米
一九八七年山東臨淄齊陵鎮出土
山東省臨淄齊國故城博物館藏

圓桶狀，腹與底部各有三環鈕。通體素面。

（劉學連）

一八　國子豆

春秋晚期
高四〇、盤徑二五·一、底徑一九·一厘米
一九五六年山東臨淄出土
山東省博物館藏

圓盤，長柄，喇叭口狀圈足。通體素面，唯柄部有三處弦紋。該豆是研究齊國國氏家族的重要資料。

（楊　波）

一九　鑲嵌幾何紋豆

戰國早期

通高二五·七、盤徑一八·五厘米

一九七五年山東長清崗辛出土

山東省博物館藏

盤爲半球形，柄較高，喇叭形圈足，覆鉢形蓋，扁平捉手。蓋面和盤外壁飾幾何勾連雲紋，紋飾由黃銅絲與綠松石鑲嵌而成。

（楊　波）

二〇　提鏈簋形卣

春秋早期

通高一〇、口徑六厘米

一九七六年山東蓬萊村里集鎮出土

山東省煙台市博物館藏

斂口，鼓腹，圈足。蓋、腹飾龍紋，蓋鈕作飛鳥形。

（黃美麗）

二一　交龍紋三環耳扁壺

春秋早期

通高二七·二厘米

一九七六年山東蓬萊村里集鎮出土

山東省煙台市博物館藏

侈口，高頸，扁圓腹，三環耳。肩部飾交龍紋一周，下接垂葉形兩頭龍紋。

（湯巧雲）

二二　庚壺

春秋中期
高三一·六厘米
台北故宮博物院藏

高頸，長圓腹，圈足。口沿外寬帶飾，肩腹以凸弦紋爲界。肩兩側飾鋪首銜環。銘在肩上，自左及右排列，約二十七行以上，二百餘字，記載了器主名庚者所參與的齊國征戰事。（金　秋）本圖由台北故宮博物院供稿

二三　洹子孟姜壺

春秋晚期
高二二·一、口徑一三·四厘米
上海博物館藏

侈口長頸，垂腹，獸首銜環耳。飾三道波曲紋，頸有一道獸目交連紋，圈足飾龍紋，耳環上飾鱗紋。銘記器主爲齊莊公之女、田桓子之妻。是爲春秋晚期器，然器形、紋飾和銘文字體均保留春秋早期的風格，或謂此乃齊魯之地的風尚。洹子孟姜壺共有兩件，另一件現藏中國歷史博物館。（周　亞）

二四　國子壺

春秋晚期
高四四·三、口徑一四、腹徑三一·五、底徑一六·五厘米
一九五六年山東臨淄出土
山東省博物館藏

直口，圓鼓腹，雙環鋪首耳，圈足。通體素面。（楊　波）

二五　公孫竈壺

春秋晚期

通梁高四七、口徑九・二、最大腹徑一九・六厘米

一九六三年山東臨朐楊善出土

山東省臨朐縣文物博物館藏

帶蓋，蓋與頸下部有環耳，以環狀提梁相連。腹飾一環耳及兩道弦紋。銘文六行三十九字，刻在頸部。此器爲公子土折所作之媵器。

（宮德杰、楊　波）

二六　陳喜壺

春秋晚期

高四七・五、口徑一八・五厘米

一九五二年收購于山西太原

山西省博物館藏

壺作侈口，平唇，長頸，鼓腹下收，圈足較高，獸頭雙耳銜環。通體分口、頸、腹飾三層波曲紋，各以弦紋爲界，耳環飾勾連雲紋。頸內近口一側鑄銘文五行二十五字，記作壺之事。

（趙志明）　攝影：薛　超

二七　鷹首提梁壺

戰國早期
通高五五、口徑一二·五、足徑一五·六厘米
一九七〇年山東諸城臧家莊出土
山東省諸城市博物館藏

器口與蓋作鷹首形，雙目圓睜，喙啓閉靈活。提梁穿過蓋上的雙環，并與頸部的雙耳銜接。頸長腹深，鼓腹平底，矮圈足。通體飾瓦紋，腹中部一道凸弦紋。腹背後有一環形鈕。一手提梁、一手提環形鈕，鷹嘴可自動張開。體態生動，設計合理，是戰國銅器之精品。

（楊　波）　攝影：王書德

二八　錯銀立鳥壺

戰國晚期
通高七三、口徑一九厘米
一九六五年江蘇漣水三里墩西漢墓出土
南京博物院藏

壺身由三個鳥形足支撑，鳥作展翅昂首張口狀。肩有兩環形耳，其上飾鋪首，且各垂一環。蓋邊立三鳥。蓋心有洞，另有浮蓋蓋其上，浮蓋中心有一五瓣花形鈕，鈕上立一展翅欲飛的大雁。通體飾繁複的花紋，有錯銀的蝠紋、斜方紋、三角雲紋以及用綠松石組成的粗大的鋸齒紋、斜方格紋等，同時還雜以鎏銀圓泡。

（張正祥）　攝影：郭　群

二九　龍紋鑘

春秋中期
高二六·三、口徑一六·三厘米
山東龍口市徵集
山東省煙台市博物館藏

小口，長頸，鼓腹，平底，兩肩部飾獸形耳，通體飾龍紋。

（王錫平、吳洪濤）　攝影：王書德

三〇　國差𦉜

春秋中期
高三四·六厘米
台北故宮博物院藏

斂口，短頸，闊唇，肩部斜折，腹部寬闊，底圜近平。上腹壁飾四個獸面鋪首銜環。唇口鑿一字，肩上有銘十行五十二字，記國差主政時期工師鑄此器之事。

（金　秋）　本圖由台北故宮博物院供稿

三一　乳釘紋鉌

春秋晚期
通高一三·五、口徑一三·二—一六·六厘米
一九七六年山東淄博淄川區磁村出土
山東省淄博市博物館藏

帶蓋，子母口微斂，鼓腹，圜底，四矮蹄足。弧形蓋中部有一環形鈕，周圍有四個蹄足鈕，飾三周乳釘紋。腹部有一對環形鈕，并飾三周乳釘紋。

鉌常與鼎、敦等青銅禮器同出。一九七七年磁村又發現四座春秋晚期墓，所出之鉌形制、紋飾多與此器相同，尤其是器表飾乳釘紋，具有典型的齊器風格。磁村距齊國都城臨淄不遠，屬齊國腹地。從器物特徵看，這裏應是一處春秋時期齊國貴族的小型墓地。

（徐龍國）

三二　鳳鳥鈕鉌

戰國晚期
通高一六·五、長二二、寬一九·五厘米
一九七七年山東長清歸德鎮出土
山東省文物考古研究所藏

器呈橢圓形，蓋扁平，四角飾鳳鳥環鈕，直腹斜內收，平底。腹兩側飾對稱瓦紋環鈕。

（蘇玉瓊）

三三　齊侯盂

春秋晚期
高四三·五、口徑七五、腹深六五·五厘米
一九五七年河南洛陽中州渠出土
河南省洛陽市博物館藏

斂口，侈沿，鼓腹，圈足，四獸耳銜環。器身飾兩組波曲紋。獸耳由三隻獸組成，最上面的昂首，最下面的頭部有兩個尖狀觸角。環飾獸體卷曲紋。銘文在上腹內壁，共五行二十六字，重文二，記姜姓齊侯爲其二女兒作此陪嫁器之事。

（張　劍）　攝影：周　樂

三四　兩頭龍紋盆

春秋早期
高一四、口徑三一厘米
山東省臨淄齊國故城博物館藏

口沿平折，腹微鼓。通體飾龍紋。

銅盆多出在江淮流域，該器的花紋表現了當地的風格。

（劉學連）

三五　齊縈姬盤

春秋中期
通高一五·五、口徑五〇厘米
故宮博物院藏

圓形，淺腹，圈足，二腹耳。腹與足均飾蟠龍紋一周。兩耳頂端皆有幷列二臥獸。內底有銘文四行二十三字，其中重文二。古者諸侯女兒出嫁要有侄女或妹妹從嫁，銘文表明此盤是齊國名縈姬者爲侄女所作的媵器，即陪嫁器。

該盤腹上的凸起蟠龍紋和雙耳上的伏獸，使本來平淡的器形增添了詭奇和風采。結構嚴謹的長形字體也有着一定的舒逸感。東周時期齊國具銘銅器較少，該盤是研究春秋中期齊國銅器的重要資料。

（杜迺松）　攝影：胡　錘

三六　鷹嘴匜

戰國早期
高八·八、最大口徑一七·三、足徑八·七厘米
一九八三年山東臨淄齊國故城郎家村出土
山東省臨淄齊國故城博物館藏

流作鷹頭狀，配銀質眼球。圈足爲橢圓形，造形精巧別致。流口作鷹嘴狀的匜，現世者僅有數件。

（劉學連）

三七　𬷕鎛

春秋早期
通高六五、銑距四四、鼓距三四·五厘米
一八七〇年山西萬榮縣廟前村出土
中國歷史博物館藏

器高大，呈上小下大的合瓦狀。鏤空扁鈕作雙龍吞噬翼獸狀，翼獸上半身已被吞入口中，僅留長尾、後肢及生于股際的兩短翼在外；器身兩面有微凸螺狀枚三十六個，篆間、鼓部均飾雲雷紋。器身鑄銘十八行一百七十五字。記載了𬷕的祖先鮑叔有功于齊國，齊桓公賞賜鮑叔采邑的史實。𬷕爲了勉勵自己，鑄此樂器，以祭祀其亡母仲姜，并祝願自己的子孫後代幸福。

（馬秀銀）　攝影：王　露

三八、三九　莒公孫朝子鎛

戰國早期
最大者通高五〇·五、最小者通高三〇·四厘米
一九七〇年山東諸城臧家莊出土
山東省諸城市博物館藏

一套共七件。鎛呈扁橢圓體，下口平齊，鈕作扁體鏤孔二蟠龍。舞、鉦、鼓部爲三角雷紋和渦紋地，間飾無首有爪龍紋。篆部飾浪花紋，乳釘狀枚，上飾蟠蛇紋和渦紋。于部自左而右鑄一行銘文，共十六字。

（韓　崗、王　瑋）

四〇、四一　莒公孫朝子鐘

戰國早期
最大者通高三八、最小者通高一六厘米
一九七〇年山東諸城臧家莊出土
山東省諸城市博物館藏

一套共九件，與莒公孫朝子鎛出于同墓。鐘長方形扁鈕，下口凹弧。紋飾與鎛同。于部鑄銘文十七字。

鎛、鐘銘文，除字數相差一個外，行文體例，字形結構均同。春秋時期，臧家莊一帶曾爲莒國屬地，戰國時被齊國所據。莒公孫朝子不見于史書記載。

鎛、鐘形體厚重，造型規整，工藝精湛，紋飾細膩。一九八八年經中國音樂研究所實測，七件鎛音質不佳，九件鐘除兩件有殘損外，其餘都具有較好的音質。敲擊正鼓、側鼓兩個部位，均可發出呈大二度或小三度音程關係的兩個樂音。全套鐘的音域達兩個多八度。

（韓　崗、王　瑋）

四二　左關鉌

戰國早期
高一〇·八、口徑一九·四厘米
一八五七年山東膠縣靈山衛古城出土
上海博物館藏

「齊量三器」之一。形似半球體，有流，無紋飾。實測容量爲二〇七〇毫升，約爲同出的子禾子釜、陳純釜容量的十分之一，相當于别國之斗的容量。

（周　亞）

四三　陳純釜

戰國早期
高三九、口徑二三厘米
一八五七年山東膠縣靈山衛古城出土
上海博物館藏

此爲著名的「齊量三器」之一。直口，束頸，圓肩，深腹，平底，腹上一對半圓耳。素體無紋飾。腹外壁銘文三十四字，記此釜爲齊國官定倉廩之釜的標準量器。實測容量爲二〇五八〇毫升。

（周　亞）

四四　子禾子釜

戰國早期
高三八·五、口徑二二·三、底徑一九厘米
一八五七年山東膠縣靈山衛古城出土
中國歷史博物館藏

「齊量三器」之一。釜爲直口大腹，溜肩平底。腹部有半月形雙耳。肩下部有銘文十行，因傷殘鏽蝕，能識者近九十字，內容是告誡官吏使用標準量器，不得犯戒舞弊，違者論其輕重，施以相應刑罰。由此可見，戰國時期度量衡已有明確的校量制度和嚴格的管理措施。此器實測容量爲二〇四六〇毫升。

子禾子是田和爲大夫時之稱謂，禾、和二字可互相通用。《戰國策·魏策四》和《呂氏春秋·順民》都有子禾子的記載，故知子禾子釜是田和未立爲諸侯前所鑄之器，其年代在公元前四〇四至前三八五年之間。

（辛立華）

四五　錯金銀犧尊

戰國中期
高二七·四、長四一·八厘米
一九六五年江蘇漣水三里墩出土
南京博物院藏

軀體肥胖，短肢，蹄足，尾細長。背上有鈕蓋。通體飾錯金銀的卷雲紋，幷嵌綠松石。頸鑄項圈，其上飾鎏金鼓泡。

（張正祥）　攝影：郭　群

四六　錯金銀犧尊

戰國中期
高二八·三、長四六厘米
一九八二年山東臨淄商王村出土
山東省臨淄齊國故城博物館藏

仿牛形，昂首，竪耳，偶蹄。由頭、頸、體、蓋分鑄組成。首、體結合處在頸上端，合縫痕被項圈自然遮掩。項圈寬一厘米，嵌十六枚橢圓形銀珠（失十枚），鼓起如鈴。蓋爲一扁嘴長頸禽，禽頸反折，喙緊貼背上，巧成半環形蓋鈕。頸部以銀絲嵌成方格紋。禽的兩翅平展，尾羽挺秀，羽翎均以孔雀石鋪塡。口角左右錯銀絲兩道，各嵌八枚銀質星點。頭頂及雙耳間至鼻梁上端鑲嵌綠松石。眼球着墨精石，兩眉宇間嵌七枚相等的長方形綠松石塊。通體以金銀絲嵌幾何紋。

（楊英吉）　攝影：王書德

四七　立馬

戰國晚期
通高一五、長一五厘米
一九七八年山東平陰孝直鎮出土
山東省平陰縣博物館藏

馬呈立姿，昂首竪耳，口微啓，短尾，身飾凸起雲紋。通體渾圓、勁健，造型生動。腹前部有一篆體銘文『駐』字。

（喬修罡）　攝影：王書德

四八　嵌綠松石卧牛

戰國晚期
通高九·七、長一四·五厘米
一九七八年山東平陰孝直鎮出土
山東省平陰縣博物館藏

牛呈臥姿，犄角兩分，雙耳横直，腿蜷曲，一蹄外翻，尾盤曲臀部，作回首顧盼狀。通體鑲嵌綠松石。

（喬修罡）　攝影：王書德

四九　魯侯鼎

春秋早期
通高二六、口徑二八·六、腹深一四厘米
一九八三年山東泰安出土
山東省泰安市博物館藏

直口，折沿方唇，雙直耳，鼓腹，下收成圜底，蹄形三足。頸飾一圈獸體卷曲紋，其下爲一道凸弦紋。腹內鑄有三行銘文，共十五字，記述魯侯作媵鼎之事。同銘鼎共二件，皆爲魯侯女兒的陪嫁器。

（王麗娟）

五〇　魯伯愈父鬲

春秋早期
高一二·五、口徑一六·二厘米
一八三〇年山東滕縣出土
上海博物館藏

寬平沿，淺腹，蹄足，腹出三條棱脊。腹部飾相對的俯首卷體龍紋。銘記魯伯愈父爲其女兒出嫁邾國而作此器。傳世魯伯愈父器有鬲五、簠三、盤三、匜一。

（周　亞）

五一　魯大司徒⿷匚甫

春秋中期
通高二八·三、口徑二五·五厘米
一九三二年山東曲阜林前村出土
故宮博物院藏

同出同形、同名器共三件。其中兩件爲北京故宮博物院收藏。

器作豆形，平底淺盤，柄顯粗短。蓋頂飾蓮瓣，整體飾蟠蛇紋，足部有鏤孔。器與蓋對銘四行二十五字，記魯大司徒厚氏作此膳⿷匚甫，幷祈求子子孫孫永寶用之。

《周禮·地官·司徒》云：大司徒職掌『建邦之土地之圖與其人民之數』，即掌管籍田與山林川澤等事務。當時各諸侯國所設官職名稱和職掌大體與周王朝一致。此器形制似豆，但自名爲『⿷匚甫』，與豆形器中的『鋪』、『甫』等一樣，同爲豆的別名。《周禮》：『醢人掌四豆之食』，豆爲肉食器，主要盛『醢』（肉醬）用。

此器華美，是同類器中的精品。　（杜迺松）　攝影：胡　錘

五二　鋪首鏈梁壺

戰國早期
高三七·五、口徑八·六、腹徑二〇·五厘米
一九七八年山東曲阜魯國故城三號墓出土
山東省曲阜市文物管理委員會藏

長頸，圓腹，圈足。蓋與肩部各飾二鋪首銜環，幷以雙鏈相繫，作爲提梁。通體素面。　（劉　安）

五三　龍紋盆

春秋中期
高一一、口徑二一·三、寬二六厘米
一九七八年山東曲阜魯國故城二〇一號墓出土
山東省曲阜市文物管理委員會藏

斂口斜沿，頸部內收，平底。肩部兩側各有一獸首銜環鈕，獸雙目凹陷，兩角高昂。盆頸部飾簡化蟬紋，腹飾龍紋，龍目作乳釘狀。　（劉　安）

五四　魯伯厚父盤

春秋早期
高二一、寬四二·四厘米
故宮博物院藏

圓形，腹耳。腹與足飾變形和三角龍紋。盤內底鑄銘兩行十字。

本器是魯伯厚父爲女兒艅所作的媵器。一九七〇年山東歷城北草溝所出魯伯大父簋和傳世的魯伯大父簋皆爲媵器，其中傳世簋是爲次女俞作的媵器。魯伯大父簋銘中的魯伯大父和俞，可能即本器銘記的魯伯厚父和艅。

（杜迺松）　攝影：胡　錘

五五　魯伯者父盤

春秋早期
高一七、口徑三七·八、腹深四·七厘米
一九七八年山東曲阜魯國故城二〇二號墓出土
山東省曲阜市文物管理委員會藏

淺盤，折沿，腹耳，耳與沿之間有雙梁。圈足內側鑄有八個楔狀卯，用以加固。盤壁飾龍紋，兩耳和圈足飾波曲紋，盤底有三角形紋。盤內底鑄銘文兩行十字，記魯伯者父爲女兒作此媵盤。

（劉　安）

五六　魯伯愈父盤

春秋早期
高一二·九、口徑三八·八厘米
一八三〇年山東滕縣鳳凰嶺出土
上海博物館藏

平折口沿，淺腹，圈足，附耳，耳與口沿有兩根小橫梁相連。口沿下飾變形獸體紋一周，圈足飾垂鱗紋。銘文記此盤乃魯伯愈父爲其女兒出嫁邾國所鑄的媵器。

（周　亞）　攝影：孫建明

五七　變形獸體紋匜

春秋早期
通高三一、寬一七厘米
一九七八年山東曲阜魯國故城二〇二號墓出土
山東省曲阜市文物管理委員會藏

長橢圓形，鼓腹，長流，流較寬。龍形把手，背有扉棱。龍雙目凸起，兩角直立，尾似卷雲。器配龍爪形四足。匜口部和流下飾變形獸體紋，腹飾瓦紋，而龍形把手則飾鱗紋。

（劉　安）

五八　魯伯愈父匜

春秋早期
高一六·五、流至鋬長三二厘米
一八三〇年山東滕縣鳳凰嶺出土
上海博物館藏

流上昂，深腹圜底，下接四獸足，後有卷尾龍形鋬。口沿飾變形獸體紋，體飾橫條溝紋。此爲魯伯愈父爲其女兒出嫁邾國所作的媵器。

（周　亞）　攝影：孫建明

五九　魯士商𠭯匜

春秋早期
高一五·九、長二八·五厘米
遼寧省旅順博物館藏

口緣較直，流槽深而狹長，深腹，下接四扁平獸足。後部有龍形鋬，龍銜口緣，作回首狀，頭部有螺紋雙角，前足上翻，身飾鱗紋。匜口沿飾鱗紋一周，腹部爲瓦紋。內腹底有銘文一行，直書六字「魯士商𠭯作匜」。商𠭯爲作器者的名字。此器原爲羅振玉先生收藏，一九四二年從其子羅福成手中購入。傳世的還有魯士商𠭯簋。

（王振芬）　攝影：張邦義

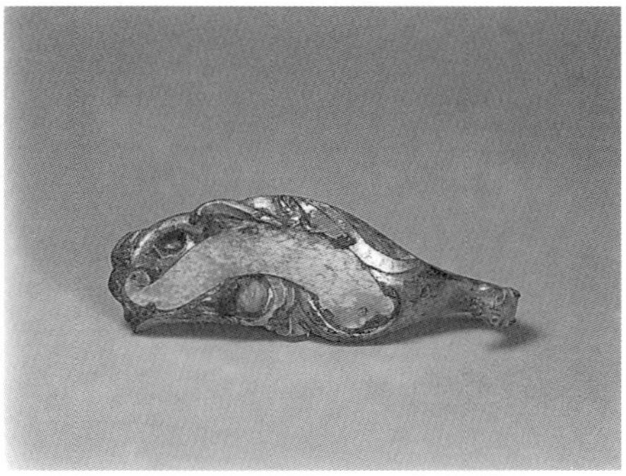

六〇　錯金銀杖首

戰國早期
高二〇・五厘米
一九七八年山東曲阜魯國故城出土
山東省曲阜市孔子故里博物院藏

圓筒形銎，一昂首曲腹修尾的龍形獸臥于銎上。獸睁目長嘴，口銜一作掙扎狀的蛇身鳥喙獸。又一蛇形獸盤繞于龍形獸之上，口咬一獸頭，獸頭口銜鳥尾，附于蛇形獸之上。該器通體鑲嵌金銀片，構思奇特，造型生動，堪稱古代金屬細工工藝的杰作。

（楊　波）　攝影：王書德

六一　嵌金銀帶鈎

戰國早期
長一二厘米
一九七八年山東曲阜魯國故城五一號墓出土
山東省曲阜市文物管理委員會藏

形體扁寬。鈎端平頭，作獸首形，獸角、目均呈乳釘狀，尾部呈圓形。器正面金銀交錯成浮雕蟠蛇紋，間以卷雲紋。器背面有一圓鈕，背面和鈕上以金銀錯爲卷雲紋。此器花紋繁複，工藝水平相當高。

（劉　安）

六二　鎏金鑲玉帶鈎

戰國中期
長一一厘米
一九七八年山東曲阜魯國故城五八號墓出土
山東省曲阜市文物管理委員會藏

全器如帶翅飛獸，通體鎏金。鈎端作獸首形，鈎身中部嵌玉鳥和綠松石圓泡。玉鳥下邊有鎏金的翅膀，與帶鈎前端的獸頭合成一體。帶鈎背面有圓鈕。此器用鎏金鑲嵌技術將多種材料組合在一起，顯示了高超的工藝水平。

（劉　安）

六三 獸面紋鼎

春秋中期
通高四八、口徑四三、足高一八厘米
一九七八年山東沂水劉家店子出土
山東省文物考古研究所藏

平蓋，已殘碎，上飾象鼻紋，蓋中部一矩形鈕爲捉手。立耳外侈，斂口，平沿外折，方唇，腹下垂微鼓，底略平，蹄足。口沿下及腹中部飾二道凸弦紋，上腹飾象鼻紋，下腹飾獸面紋。

大小、器形、紋飾相同器共出二件，出土時鼎內尚有豬骨。

（蘇玉瓊）

六四 交龍紋鼎

春秋中期
通高二八・五、口徑三〇・六、足高一二・七厘米
一九七八年山東沂水劉家店子出土
山東省文物考古研究所藏

平蓋，蓋中部有一橋形鈕，蓋邊緣近耳處鑄有四個方形槽口，蓋合後恰與雙耳相卡。鼎立耳外侈，口平折沿，腹爲半球形，足蹄形，足內側鑄有弧形凹槽。蓋和口沿下部飾交龍乳釘紋，足上端飾獸面紋。

（邵 雲）

六五 變形龍紋鼎

春秋中期
通高一九・八、口徑一三・一、足高八・七厘米
一九七八年山東沂水劉家店子出土
山東省文物考古研究所藏

立耳，平折沿，深腹圜底，腹上部飾變形龍紋；蹄形足，足內側鑄有三角形凹槽，足上部飾獸面紋。

（邵 雲）

六六　龍紋鼎

春秋中期
高三二・二、口徑三二・四厘米
一九七四年山東莒縣寨里河鄉老營村出土
山東省莒縣博物館藏

侈口，折沿，方唇，口沿上兩立耳，耳飾鱗紋。圜形底，三蹄形足。口沿下飾一周變形獸體紋，腹飾變形龍紋。

（蘇兆慶、劉雲濤）

六七　渦紋鼎

春秋中期
高二〇・四、口徑二〇・七厘米
一九七四年山東莒縣寨里河鄉老營村出土
山東省莒縣博物館藏

侈口，折沿，沿上兩立耳，耳飾弦紋。圜形底，三蹄形足。腹上飾一周渦紋。

（蘇兆慶、劉雲濤）

六八　變形龍紋鼎

春秋中期
高二七・二、口徑二九・二厘米
一九八八年山東莒縣中樓鄉于家溝村出土
山東省莒縣博物館藏

子母口，圜形底，三蹄形足。口沿下兩側有附耳，耳飾龍紋。腹上飾一周變形龍紋，足上飾獸面紋。

（蘇兆慶、劉雲濤）

六九　變形獸體紋鬲

春秋中期
通高二一、器高一八、口徑一八厘米
一九七八年山東沂水劉家店子出土
山東省文物考古研究所藏

平蓋，蓋沿有等距離的四枚小垂鈕卡住器口，蓋飾一周獸目交連紋飾帶。器身斜折沿，束頸，分襠，尖款足，肩部飾一周變形獸體紋飾帶。

尺寸相似、器形相同器共出九件，肩部及蓋上紋飾各异。

（蘇玉瓊）

七〇　公簋

春秋中期
通高三六·八、盤徑二三·五、圈足徑一七·五厘米
一九七八年山東沂水劉家店子出土
山東省文物考古研究所藏

器形似蓋豆。半球形蓋頂上裝飾着八瓣鏤孔蓮花形捉手，蓋沿處等距離分布四枚獸形小卡鈕，用于卡住器身。簋的盤較淺，大口方唇，折沿，緩平底，喇叭形高圈足。器周身飾蟠龍紋和鱗紋，圈足飾鏤孔鱗紋。盤內底有銘文『公簋』二字。

該器豆形而簋名，反映了豆最初應與簋同源。

（邵　雲）

七一　盒形敦

春秋晚期
高一五·五、蓋頂徑一二·六、底徑一二·六厘米
一九八八年山東莒縣中樓鄉于家溝村出土
山東省莒縣博物館藏

扁圓形，子母口，平底，蓋呈假圈足形。蓋和器各有二環耳。蓋、器飾一周交龍紋。

這種似盒形的敦是少見的。

（蘇兆慶、劉雲濤）

七二　變形龍紋罍

春秋中期
高三三、口徑一四·五、底徑二〇·五厘米
一九七四年山東莒縣峯里河鄉老營村出土
山東省莒縣博物館藏

子母口，斜肩，鼓腹，圈足微侈。腹上有四半環形耳。肩飾斜角雷紋，腹飾變形龍紋。

（蘇兆慶、劉雲濤）

七三　瓦紋罍

春秋早期
高五三·四、口徑二五·一、底徑二〇·五厘米
山東沂水縣出土
山東省博物館藏

侈口，口沿外卷，短頸，廣肩，折腹，小平底，肩部兩側附獸首銜環耳。圓蓋，鳥形鈕。器身飾瓦紋。

（楊　波）　攝影：王書德

七四　兩頭龍紋罍

春秋中期
高四〇·七、口徑一六·八厘米
一九六三年山東莒縣天井汪出土
山東省博物館藏

小口，大鼓腹，小平底，肩部有一對獸首銜環耳。傘狀蓋，上有環鈕。蓋、腹部飾兩頭龍紋，腹上布乳釘紋。

（楊　波）　攝影：王書德

七五　公壺

春秋中期
通高四七、口徑一六・五、圈足徑二三厘米
一九七八年山東沂水劉家店子出土
山東省文物考古研究所藏

此壺爲春秋中期的典型器，體圓頸粗，蓋頂以兩條盤旋凸起的交龍爲鈕，雙龍昂首交錯，細膩逼眞。壺口鏽結未開，鼓腹，矮圈足外撇，壺頸兩側裝飾兩個獸首銜環耳。頸、腹上部飾細密工整的蟠龍紋、變體龍紋和由變體龍紋組成的三角形模印紋。頸、腹交接處有一圈素面條帶，上鑄銘文『公鑄壺』三字。

壺的獸首銜環耳採用了分鑄焊接法。此時期流行方塊印紋，一模多印，既簡單快捷又工整秀麗。該壺便是這種印製方法的實例，花紋規矩精細，雍容華貴。（邵　雲）

七六　莒大叔瓠形壺

春秋晚期
高三四・六、口徑八・二、底徑九厘米
一九八八年山東莒縣中樓鄉于家溝村出土
山東省莒縣博物館藏

壺作瓠形，帶蓋，蓋上有環鈕和直流，獸首活動鋬，通體素面。頸下有銘文二十八字，記莒大叔之孝子平作此壺之事。（蘇兆慶、劉雲濤）

七七、七八　交龍紋盤

春秋中期
通高一四・八、器高一〇・五、盤徑四九、圈足徑四〇・五厘米
一九七八年山東沂水劉家店子出土
山東省文物考古研究所藏

大口，淺盤，平沿外折，方唇，扁圓腹，腹兩側附對稱外折方形穿耳，喇叭狀圈足。盤外壁飾交龍紋，圈足飾獸目交連紋，耳兩側攀附透雕雙龍，栩栩如生。耳內側飾單首雙身蟠龍紋，其龍首伏于耳頂端，耳外側飾交龍紋。（蘇玉瓊）

七九 費敏父鼎

春秋早期
通高二六、口徑二五、腹深一〇·五厘米
一九七二年山東鄒縣嶧山鄉鬥雞台遺址出土
山東省鄒城市博物館藏

口微斂，雙直耳，下接三獸形足。腹中偏上部有一道突出的箍形圈飾，將腹部紋飾一分爲二，上部飾獸體卷曲紋，下部飾龍紋。該鼎紋飾線條清晰，鑄造精細。

費敏父鼎腹內鑄有銘文三行，共十六字，大意是費國敏父爲女兒孟姒作陪嫁的寶鼎，讓她永傳萬年，子子孫孫用享。銘文中的『弗』，即『費』，指西周至春秋時期諸侯國之一的費國。

（王 軍）

八〇 交龍紋卵形鼎

戰國早期
通高二九、口徑一三·五厘米
一九七六年山東滕縣城關鎮出土
山東省滕州市博物館藏

該器造型別致，體爲卵形，附耳，有蓋，深腹，圜底，下接細長蹄形足。腹部飾有交龍紋。

（翟力軍、張 耘）

八一 杞伯敏亡簋

春秋早期
高二四、口徑二〇·五厘米
清光緒年間山東新泰縣出土
上海博物館藏

斂口，鼓腹，雙獸耳，圈足下另承三個獸首足。蓋邊及器的口沿飾獸目交連紋，體飾橫條溝紋，圈足飾垂鱗紋。銘文記杞伯敏亡爲其夫人作此器。

（周 亞） 攝影：孫建明

八二　薛子仲安簠

春秋早期

通高一八·五、長二八·五、寬二三厘米

一九七三年山東滕縣官橋公社出土

山東省滕州市博物館藏

器與蓋形狀相同，平口相合，略呈長方形。腹向下斜收，平底，四角有向外侈的矩形足，肩、腹有對稱獸首耳。肩、腹、口沿及足部均飾獸體卷曲紋，器身飾象鼻紋，頂、底飾雲雷紋。銘文刻在蓋、底內，對銘三行十五字，重文一字，記薛子仲安作器事。

（翟力軍、張　耘）

八三　杞伯敏亡壺

春秋早期

高四〇·六、口縱一三、口橫一七·五厘米

清光緒年間山東新泰縣出土

上海博物館藏

口略侈，斂頸，垂腹，圈足。器作扁方體圓角形，頸兩側各置一獸首銜環耳。頸飾獸目交連紋一周，腹部兩側以十字形界欄分爲八區，每區內飾變形獸目交連紋。在十字形界欄的每個交叉點上有一個方錐體突起。器壁銘二十一字，記杞伯爲其夫人鑄此壺。

（周　亞）　攝影：郭林福

八四　蟠龍紋方壺

春秋早期

通高六三、口長二〇・二、寬一五・五厘米

一九九五年山東長清縣仙人台出土

山東大學歷史系藏

子母蓋，頂部內凹，內雕兩條蟠龍。蓋壁飾鱗紋。壺頸頎長，飾波帶紋。兩側有扁嘴獸首耳，垂環。腹、頸之間以一周寬帶紋分隔。腹部外鼓，四面均飾高浮雕蟠龍紋。圓角長方形圈足，飾鱗紋。蓋、頸有銘文。

同時出土的規格較高的隨葬品一百七十餘件，其中有十五鼎、八簋。推斷墓主地位係國君一級。從出土器物銘文推斷，墓爲邿國墓。春秋時期，邿國是位于今微山縣一帶的小國，受魯國控制。公元前五六〇年，邿國發生內亂，魯國乘機滅了邿國。

（方　輝）　攝影：王書德

八五　曲折紋壺

春秋早期

通高三四・五厘米

一九六九年山東煙台上夼村出土

山東省煙台市博物館藏

喇叭口，細頸，圓鼓腹，圈足，肩有雙環耳。頸部凸弦紋，腹飾三角形曲折紋。

（侯建業）

八六　薛侯行壺

春秋早期

通高二二厘米

山東滕州薛國故城出土

山東省鉅野縣文物管理所藏

扁方形提梁壺。蓋頂鑄一鳥形鈕，蓋兩側飾鋪首銜環。壺短頸，頸部飾獸體卷曲紋，頸兩側鑄有獸首環耳，貫穿鏈形提梁。壺腹上部有銘文『薛侯行壺』四字。

（周建軍）　攝影：王書德

八七 鄩仲匜

春秋早期
通高二三、流鋬間長四二厘米
一九八一年四月山東臨朐泉頭村出土
山東省臨朐縣文物博物館藏

前有長流，後有屈獸爲鋬，獸尾卷起，口銜器沿，獸身飾鱗紋，背飾凸棱。器身呈瓢形，下有四隻獸形足，獸頭頂器底，卷尾觸地。口沿外壁飾獸體卷曲紋，腹飾瓦紋。匜內底鑄銘文凡三行二十字，重文二，記鄩仲爲其次女作此陪嫁之器。鄩，古國名，約在今山東濰坊市西南。

（宮德杰）

八八 夆叔匜

春秋晚期
高一四·一、流至鋬長三五·七厘米
山東滕縣出土
上海博物館藏

此匜形制較爲特殊，與通常所見瓢形匜頗不相同。短流，長方形圓角腹，平底。器口一側置平板形鋪首，下銜一環。器後有龍首形鋬，腹下四足由蟠龍構成。器腹兩側共飾四條龍紋，龍紋係鏤鑄成形，然後以紅銅鑲嵌其中，使器壁內外均見龍紋，是青銅器中不多見的裝飾方法。器底鑄銘文三十五字，記夆叔爲季改作器事。

（周　亞）　攝影：孫建明

八九 邾公牼鐘

春秋晚期
高三八·二、鼓間一七、銑間二一·四厘米
上海博物館藏

傳世邾公牼鐘共四件，此爲第三件。舞部飾雷紋，篆部飾變形蟠龍紋，鼓部飾六條體軀相糾的龍紋。鑄銘五十七字，記邾公牼作鑄龢鐘二堵，全篇銘文用韻。據《春秋》記載，邾公牼即邾宣公。

（周　亞）　攝影：郭林福

九〇　郳公釛鐘

春秋晚期
高五〇·九、鼓間一九·五、銑間二五·三厘米
上海博物館藏

甬鐘，旋飾變形龍紋，斡作獸首形，篆飾兩頭龍紋，鼓部飾卷體龍紋。鑄銘三十六字，字體規整，自述其乃陸𩏂即陸終之後，與史籍所記郳乃陸終曹姓之後相符。

（周　亞）　攝影：郭林福

九一　曹公子沱戈

春秋晚期
長一七·九、寬一〇厘米
山東省博物館藏

援呈弧形，前鋒三角形，胡較寬，有二穿，內呈圓角長方形，有一圓孔及扁長孔。胡部鑄陰文兩行七字：『曹公子沱之造戈』。

（楊　波）

九二　鳥飾支架

春秋晚期
通高四八·五、底邊長一六、底座高九·六厘米
一九九五年長清縣仙人台邿國墓出土
山東大學歷史系藏

支架底部爲覆斗形基座，遍飾獸體卷曲紋和乳釘紋。正中立一圓柱，頂端及中部貫穿兩隻突目、尖喙的小鳥，展翅待飛。頂部鳥頭處有掛痕，當係垂掛物體所致。

（方　輝）　攝影：王書德

九三　勾連雷紋鼎

春秋晚期
高二七・二、口徑二四・一厘米
一九八〇年河北新樂中同村出土
河北省文物研究所藏

鼎爲子口，長方附耳，深腹，圜底，三蹄足。有蓋，蓋上附三環鈕，蓋中部飾渦紋。附耳正面飾蟠蛇紋，側面飾雷紋。腹中部飾一周絡紋，上下均飾勾連雷紋，下部有煙炱痕跡。

（劉超英）

九四　蟠龍紋鼎

戰國早期
通高二六・五、口徑二一・八厘米
一九五二年河北唐山賈各莊出土
中國歷史博物館藏

圓腹，二折曲外侈腹耳，三高蹄足。有蓋，蓋周布列三環鈕。腹中心一道繩紋，上下飾以蟠龍紋，鼎耳飾獸面紋與蟠龍紋。蓋面自中心向外依次飾圓渦紋和三周蟠龍紋，蓋鈕飾菱形紋等幾何紋。

此鼎的足、耳、蓋鈕均先鑄好，再與器身合鑄而成。整體造型端莊典雅，耳、鈕等多具燕國青銅文化特徵。

（杜迺松）

九五　蟠龍紋鼎

戰國早期
高二七・五、口徑二二厘米
一九七一年河北滿城採石廠出土
河北省文物研究所藏

圓鼓頂蓋，子口，附耳，深腹，圜底，三蹄足。蓋頂面有圓盤形捉手，可以却置。捉手圓盤上飾蟠龍紋，中心凹陷部位以蟠蛇紋爲地，上飾乳釘。蓋面飾兩組蟠龍紋，以素面環帶相間。附耳內外兩側滿飾雷紋，腹上半部亦飾兩組蟠龍紋，間以凸弦紋。

（冀艷坤）

九六　乳釘蟠蛇紋鼎

戰國早期

高二七・六、口徑二二・二厘米

一九六六年河北行唐廟上村出土

河北省文物研究所藏

直口，長方附耳，圓腹，圜底，三蹄形足。帶蓋，蓋上有一環形矮柱捉手，蓋中心飾渦紋。器身和附耳均爲蟠蛇紋地，上飾乳釘。

（劉超英）

九七　龍紋鼎

戰國早期

通高一八、口徑一二厘米

一九八二年三月北京順義龍灣屯出土

北京市文物研究所藏

斂口，深圓腹，大圜底，附耳外撇，蓋頂正中置一方環形鈕，外圍以昂首伸頸的臥獸，三高蹄足。蓋頂與腹部均飾一周卷龍紋，腹部紋飾之下爲一周菱形雲紋，附耳上端面飾以獸面紋，足根部浮雕獸面。

（程瑞秀）

九八　交龍紋鼎

戰國早期

通高二五、口徑一六・三、足高一三厘米

一九七四年河北三河大唐迴村出土

河北省廊坊市文物管理所藏

圓形，子母口，淺腹，圜底，三蹄形足，腹兩側附長方形外侈耳，上飾三獸首。蓋平頂微鼓，周邊有三矩形鈕，中心有一方形環鈕。矩形鈕上飾有鳥紋，矩形鈕內側飾一周交龍紋，腹部飾交龍紋一周，下飾三角渦紋一周，蹄足上端飾獸面紋。

（王其騰）

九九　三犀鼎

戰國早期

通高二三、口徑二二・四厘米

一九八一年十二月北京通縣中趙甫出土

北京市文物研究所藏

圓腹，圜底，附耳微外撇，蹄足。蓋微隆，蓋中心置一環鈕銜環，外圍以三臥犀。蓋鈕銜環飾斜角雲紋，附耳側面飾繩紋，蓋飾變形蟠龍紋，腹部飾兩帶狀蟠龍紋，足根部浮雕獸面紋。此鼎器大壁薄，鑄造精湛，爲戰國青銅器之精品，爲研究戰國時期燕國青銅器的鑄造技藝提供了重要的實物資料。

（程瑞秀）

一〇〇　變形蟠龍紋甗

戰國早期

高三五・四、口徑二七・二厘米

一九六六年河北行唐廟上村出土

河北省文物研究所藏

甗由甑和鬲兩部分組成。甑爲侈口折沿，頸微束，深腹，平底，圈足。頸部飾三周綯紋，其下兩側有對稱的弓形提環。腹部飾以細密雲雷紋爲地的變形蟠龍紋和垂葉紋兩組圖案，中間以一道凸弦紋相隔。甑底部箅孔作放射線形，圈足和鬲口相扣成子母口。鬲爲溜肩，扁圓腹，三蹄形足。肩部兩側各有一獸面鋪首，底部有煙炱痕跡。

（冀艷坤）

一〇一　絡紋簋

戰國早期
通高一四·三、口徑長一二·六、寬一〇·七、圈足高二·八厘米
一九五二年河北唐山賈各莊出土
中國歷史博物館藏

帶蓋，蓋上有一環鈕，周圍以結紐雙重繩索紋分成十二格，格內填以蟠龍紋。蓋沿有三個豎立的獸首飾。器腹短頸的兩側各附一環耳。兩耳之間，以結紐雙重繩索紋分成二十格，格內紋飾與蓋同。腹底附高圈足，圈足上有一綯紋帶。

（安志敏）　攝影：王　露

一〇二　絡紋簋

戰國早期
高一四·二、口徑一二厘米
一九六六年河北陽原九溝村出土
河北省文物研究所藏

橢圓形，深腹，圜底，高圈足。帶蓋，蓋頂中央有一環鈕，靠近邊沿處等距離分布三鳳首，均向前方平視。鈕和鳳首之間飾兩圈網絡紋，以雙重繩索紋分界，中間成對稱的雙十字結紐，每個弧形方塊中間填以繁縟的蟠龍紋。蓋和器身以子母口相扣合，器身兩側鑄有相對的龍首環耳，器腹紋飾與蓋頂面紋飾相同。圈足邊飾一周綯紋。

（冀艷坤）

一〇三　絡紋簋

戰國早期
通高一四、口徑長一三、寬一〇·九厘米
一九七四年河北三河大唐迴村出土
河北省廊坊市文物管理所藏

橢圓形，子母口，高圈足，腹部兩側附有獸首狀環耳。蓋平頂微鼓，周邊有三鳥形鈕，中心置一半環形鈕。蓋上和腹部皆飾以雙繩絡紋組成的橫長方格，格內填以細密蟠龍紋，圈足底邊飾一周綯紋。

（王其騰）

一〇四　環鈕蛇紋高足敦

戰國早期
高一六、口徑九・三厘米
一九七一年河北滿城縣採石廠出土
河北省文物研究所藏

整體呈橢圓形。子口，深腹，蹄足。帶蓋，蓋頂中心有一環形鈕，近邊緣處有等距離的三環鈕。腹上部兩側各有一環形耳，腹下部有三個獸面蹄形足，足較高，獸面雙睛鑲嵌綠松石。蓋頂面飾斜線繩紋、蟠蛇紋和幾何形紋三圈紋帶。腹上半部飾蟠蛇紋，間以一圈繩紋。蓋頂及腹部的蟠蛇紋上均飾有小乳釘。（劉超英）

一〇五　鳥鈕蛇紋高足敦

戰國早期
通高一五、口徑一四・五厘米
一九八一年十二月北京通縣中趙甫出土
北京市文物研究所藏

帶蓋，環耳，圓腹，圜底，高蹄足。蓋頂正中置一環鈕，近外緣處設伸頸昂頭的三鳥首。腹上部有寬凹弦紋兩周，其間飾以蟠蛇紋，其下飾垂葉紋，足根部飾威怒狀獸面紋。（程瑞秀）

一〇六　鳥鈕雷紋高足敦

戰國早期
高一六・三、口徑一二・二厘米
一九六六年五月河北陽原九溝村出土
河北省文物研究所藏

子口，深腹，蹄足。帶蓋，蓋頂部中心有一環形鈕，近邊緣處有等距離的三鳧首，長喙雙睛，下頜突出，頸彎曲。腹上部兩側各飾一個獸面形耳，腹下部有三個獸面蹄形足，足較高，中部略束。腹上半部飾三層花紋帶，自上至下依次爲變形雲紋、雷紋、綯紋。蓋頂面飾變形雲紋和綯紋兩圈紋帶。（冀艷坤）

一〇七、一〇八　鳥鈕獸紋高足敦

戰國早期
通高一五·五、腹徑長一四·五、寬一二·八、足高六·七厘米
一九七四年河北三河雙村出土
河北省廊坊市文物管理所藏

橢圓形，子母口，深腹圜底，三蹄形足，腹兩側附有環形耳。蓋微鼓，上有三鳥首鈕（失一），中心爲方環鈕。蓋上飾三隻、腹部飾四隻陰線紋獸，獸首有角，口張，尾上翹下卷，身披鱗片，四肢伏地。敦足上端飾獸首紋。

敦的造型和紋飾具有濃厚的地方特色，對燕文化的研究有重要價值。

（王其騰）

一〇九　變形蟠龍紋敦

戰國早期
通高二二·一、口徑一六·三厘米
一九五二年河北唐山賈各莊出土
中國歷史博物館藏

器作長圓形，蓋頂與器底各有三圓形凸起的鈕和足，敦可却置。子母口，蓋、器相扣嚴絲合縫。器頸部有二環耳，器與蓋分別飾以變形蟠龍紋和三角紋等。

東周時代的球形敦多見于齊、燕、楚幾個諸侯國，賈各莊出土的長圓形敦爲典型的燕敦。

（杜迺松）　攝影：王　露

一一〇　變形蟠龍紋敦

戰國早期
通高二一·五、腹徑一六·五厘米
一九八一年十二月北京通縣中趙甫出土
北京市文物研究所藏

此敦呈長圓形，腹兩側各置一環耳，蓋與器底均置三環鈕或三環足，鈕與足末端呈鳥喙狀。足與鈕皆飾斜角雲紋，蓋與器腹紋飾基本相同，悉爲大三角紋、變形蟠龍紋，惟蓋頂中心飾渦紋。此敦造型美觀，紋飾繁縟細膩，反映出戰國的青銅製作工藝已達到很高的水平。

（程瑞秀）

一一一　勾連雷紋敦

戰國早期
通高二〇·六、口徑一三厘米
一九五七年河北赤城龍關鎮出土
河北省博物館藏

卵圓形，子母口，扣合嚴密。蓋有三雲形鈕，器鑄二環耳和三環形帶根足。紋飾精美，蓋頂飾渦紋，外兩周皆飾內填粟紋的勾連雷紋，周間以十二組對頂卷體呈心形圖案的龍紋相隔，邊沿飾卷草紋一周；器、蓋紋飾相對稱，三鈕、兩耳和三足飾雲紋。蓋口沿與器口沿上鐫陰文三字。

（張　慧）

一一二　人形足敦

戰國晚期
高一四·四、口徑二七·五厘米
一九六四年河北懷來狼山出土
河北省文物研究所藏

器呈盆狀，大口，微卷唇，淺圓腹，平底，矮圈足。腹部飾一組凸弦紋帶，並在兩側各鑄有一獸面鋪首。腹下有三人形足，人皆爲圓目、高鼻、大口；赤身直立，僅下部着一片方格紋裳，頭頂器腹，雙手叉腰，呈用力支撐狀。

（冀艷坤）

一一三　錯紅銅龍紋豆

春秋晚期
高二四・四、盤徑一六・二厘米
一九八〇年河北新樂中同村出土
河北省文物研究所藏

圓鼓頂蓋，上有三環鈕。豆爲子母口，盤呈半球形，喇叭形圈足。豆腹上部有對稱的雙環耳。蓋及盤上分別鑲嵌紅銅龍紋，圈足上亦鑲嵌紅銅葉狀紋。此豆製作精緻，紋飾華美。

（冀艷坤）

一一四　蟠蛇紋豆

戰國早期
通高二八、捉手直徑一〇・八、腹徑一八厘米
一九七四年河北三河大唐迴村出土
河北省廊坊市文物管理所藏

附豆蓋呈扁圓球形，子母口，盤淺腹，豆柄較細，腹兩側附環形耳。蓋上有捉手，捉手上飾雲雷紋一周。蓋飾蟠龍紋、變形蟬紋、三角渦紋。豆腹部的紋飾與蓋相同，豆座飾星點蟠龍紋一周。

（王其騰）

一一五　嵌綠松石蟠龍紋豆

戰國早期
通高三九、口徑二〇厘米
北京順義出土
故宮博物館藏

器作扁圓狀，蓋頂有圓形捉手，口沿兩側二環耳，長柄，腰內收，圓鐙。器與蓋飾相互糾結的蟠龍紋和三角雲紋，柄部飾橫S紋、三角雲紋和變形蛇紋，圓形捉手邊緣等處嵌有綠松石。本豆古樸玲秀，紋飾簡潔，其整體特點與河北唐山賈各莊出土的豆相一致，且時代也相近。

銅豆這一器種在戰國時期的燕國較流行，除長柄豆外，還多見短柄豆，器與蓋扣合，體呈扁圓或圓形。

（杜迺松）

一一六　幾何紋長柄豆

戰國早期
通高五〇・二、腹徑一八、底徑一四厘米
一九八一年十二月北京通縣中趙甫出土
北京市文物研究所藏

半圓腹，長柄圈足，腹側置二環耳，半圓形蓋，其上有三倒置的蹄足形鈕。蓋頂部紋飾分別爲渦紋、綯紋、寬體蟠蛇紋、大三角紋等，蓋的長鈕和環耳均飾斜角雲紋。腹部紋飾與蓋上紋飾基本相似，惟無渦紋。柄部飾以貝紋、綯紋和蟬紋。圈足以變形龍紋作裝飾。此豆紋飾細密，鑄造精湛，風格特异，極爲少見，是研究燕國文化和青銅工藝的重要實物資料。

（程瑞秀）

一一七、一一八　交龍紋壺

春秋晚期
高五一、口徑一四・四厘米
一九六三年河北懷來北辛堡出土
河北省文物研究所藏

侈口，長頸微束，溜肩，深鼓腹，矮圈足。附蓋，蓋頂面略鼓，中心飾渦紋，周圍在雲雷紋地上半浮雕三條龍紋，邊飾三角雲紋。蓋頂面等距離置四個繩索紋小吊環。蓋下有子口并附一小榫，壺口上有一咬口。壺身肩部有一對獸面銜環，環上飾三角雲紋。腹部自上而下共飾五層花紋，上下兩層爲交錯三角葉紋，內分別塡飾龍紋和蛇紋；中間三層在雲雷紋地上飾菱格紋和蟠蛇紋，每層均以環帶紋相隔。近底處置四個繩索紋小吊環。圈足上飾繩索紋和卷雲紋各一周。壺蓋頂面的龍身關節處及腹部每層菱格紋的上圈均有圓形凹槽，原槽內應有鑲嵌物。此壺造型穩重，紋飾富麗繁縟，是燕文化中的典型作品。

（劉超英）

一一九　嵌紅銅狩獵紋壺

戰國早期

通高五四·九、口徑一〇·九厘米

一九五二年河北唐山賈各莊出土

中國歷史博物館藏

直口，高頸，長圓腹，圈足。肩、頸間置二圓形耳。平蓋，蓋中心有一環鈕。頸部飾嵌紅銅桃形雲紋，器身由結紐雙繩紋組成上下十二個方格，方格內鑲嵌紅銅狩獵紋，描繪了獵者手持長矛，追鬥飛禽走獸的畫面。

該壺工藝精巧，圖案內容豐富，是研究當時社會生活的絕好資料。

（杜迺松）　攝影：孔立航

一二〇　羽翅紋鏈梁壺

戰國早期

通高三七、口徑九、腹徑二二、底徑一五·五厘米

一九五五年河北淶水永樂村出土

河北省博物館藏

有蓋，直口，長頸，肩腹無顯著界線，鼓腹，圈足。蓋與肩兩側同方向各有獸面銜環一個。壺鏈自上穿過蓋上兩環，繫于肩上兩環。鏈上部有弓形獸首提梁。頸部飾蟠龍紋一周，頸部以下飾五層羽翅紋，花紋間以素面環帶相隔。壺蓋上的花紋與腹部相同。

（徐志芬）

一二一 陳璋方壺

戰國中期
高三七·二、寬二一厘米
美國賓夕法尼亞大學博物館藏

方形，長頸，圈足，肩兩側有二鋪首銜環耳。器身飾圖案化的龍鳳紋，足飾圖案化的鳳鳥紋。整體構圖交錯連接有序，足三面有刻款二十七字，記載了齊宣王五年（前三一四年）齊國趁燕王噲讓位子之所釀成的內亂，借機伐燕的史事。從銘文知，該器是齊國將領陳璋伐燕的掠獲品。該器銘文與一九八二年江蘇盱眙出土的金銀錯銅絲網套壺銘文內容基本相同，均具有重要的史料價值。

（杜迺松） 本圖由美國賓夕法尼亞大學博物館供稿

一二二、一二三 金銀錯銅絲網套壺

戰國中期
高二四、口徑一二·八厘米
一九八二年江蘇盱眙南窰莊出土
南京博物院藏

該壺由器身和肩、腹上的網套組成。器身作侈口，長頸，圓腹，圈足。銅絲網套由九十六條卷曲的龍和五百七十六枚梅花釘交錯套扣而成。網罩中間有錯金雲紋銅箍，箍上有相間獸首銜環和倒垂的浮雕獸各四個，銜環與立獸上有錯金銀紋飾。壺頸和圈足上、網套下面的肩與腹部，分別飾錯金銀斜方格雲紋。

該壺口沿刻有銘文，標明了壺的容量。圈足外刻有『陳璋伐匽（燕）之獲』的字樣，反映了公元前三一五年齊國與燕國的戰爭。

該壺製作工藝極爲高超，肩、腹上的銅絲網套精巧華美，係由失蠟法鑄成，其錯金銀和鑲嵌裝飾，使全器更顯富麗。這是一件有很高歷史價值的難得的藝術珍品。

（杜迺松） 攝影：郭 群

一二四　交龍紋壺

戰國早期
通高三二・五、口徑九・二厘米
一九七〇年河北唐縣北城子出土
河北省文物研究所藏

壺口微侈，長頸，鼓腹，矮圈足。帶蓋，蓋上有雙吊環，肩部左右環耳，下腹部前後各有一鋪首銜環。頸部和腹部各以綯紋爲界，中飾交龍紋圖案兩周。在肩部作出等距離的虎紋，一周共四隻。虎呈蹲踞狀，虎首均向右。（劉超英）

一二五　絡紋扁方壺

戰國早期
高四〇・八、口徑六・五—九・八厘米
一九七〇年河北唐縣北城子出土
河北省文物研究所藏

器身扁方，鼓腹，矮圈足。帶蓋，蓋頂左右各有一獸面銜環，獸面的雙睛鑲嵌綠松石。肩部兩側各有一綯形套環，腹下部與肩部套環對應部位和壺體前後兩面有綯形提環四個。器身的四面均飾獸面結紐雙重繩索紋，圈足飾三角雲紋。（冀艷坤）

一二六　絡紋圓壺

戰國早期
通高三〇、口徑七、底徑一一・五厘米
一九六二年河北行唐李家莊出土
河北省博物館藏

直口，短頸，溜肩，鼓腹，平底略凹。頸腹間鑄有兩個對稱的綯形環耳。頸下部與腹部各鑄一周橫條絡繩紋，自頸部橫條絡繩紋起至腹底止鑄四道直條絡繩紋，每條絡繩紋連接處成菱形圖案。此器樣式新穎，花紋裝飾簡明素潔，顯示出獨特的區域性色彩。（徐志芬）

一二七　瓠形壺

戰國早期
通高二一・八、口徑四・五、腹徑一三、底徑八厘米
一九六二年河北行唐李家莊出土
河北省博物館藏

瓠形體，小口，斜長頸，寬腹，矮圈足。在器身內側腹部上下各鑄一個半圓鈕，鈕內套一綯形提梁。通體素面，無紋飾。此器造型別致，極富游牧部族特點。有學者指出，此器是依照瓠瓜星而製作的，用于祭祀天地。

（徐志芬）

一二八　兩頭龍紋罍

春秋中期
通高二一、口徑一六、腹徑二六厘米
一九五七年河北懷來甘子堡出土
河北省博物館藏

大口，寬折沿，短頸，廣肩，肩兩側各有一獸耳，圓腹，平底。周身飾兩頭龍紋，腹部有一周素面環帶把花紋隔開。紋飾精美，製作細緻。

（徐志芬）

一二九　蟠蛇絡紋罍

戰國早期
高三〇・九、口徑二一・三厘米
一九七〇年河北唐縣北城子出土
河北省文物研究所藏

全器呈圓形，平口外敞，直頸，大鼓腹，矮圈足。肩部左右對稱有獸首銜環鈕各一，中間對稱透雕蟠龍形獸耳。自肩以下紋飾分爲三層，以并列雙重繩索紋分界，中間連成對稱的雙十字結紐，每個方塊內填以連續卷曲的蟠蛇紋圖案。圈足飾繩紋。此器造型精美，花紋富麗，是一件難得的珍品。

（劉超英）

一三〇、一三一 波曲紋四耳鑑

春秋中期
高四二、口徑八二·五厘米
一九六三年河北懷來北辛堡出土
河北省文物研究所藏

斂口，寬平沿，沿邊有棱。沿下有對稱的四耳，耳作獸首半環狀。深腹微鼓，平底，矮圈足。腹部有三周突起的絡紋，頸部和腹部絡紋之間飾三層波曲紋。在波曲紋內飾三個變形獸紋。在最下一層絡紋下面飾蕉葉狀波曲紋一周。此器形體厚重高大，紋飾壯觀美麗，是早期燕文化的重要遺物。

（劉超英）

一三二 龍虎紋雙耳盤

戰國早期
通高一二·八、口徑三五·五、足徑一九·七厘米
一九五二年河北唐山賈各莊出土
中國歷史博物館藏

器爲扁圓形。口沿外折，雙曲腹耳，腹部下收，平底，圈足。器內中央有雙獸蟠繞團形圖案三個，外圈飾有四龍，再外周飾六虎；口沿上有鑲紅銅菱形紋，下有絡紋；外壁由菱形紋和米珠紋組成一道帶紋；足外壁由變形雲紋組成一波曲紋帶，下有斜角雲紋；耳飾獸面紋。通體紋飾簡潔生動，錯落有致，爲戰國時期燕國獨特風格。

（辛立華）　攝影：王　露

一三三 獸首流匜

戰國早期
高二四·二、長三七厘米
一九七〇年河北唐縣北城子出土
河北省文物研究所藏

器形如盆，橢圓形口。流作獸首形，獸張口，卷鼻，菱形雙睛內嵌綠松石，葉形立耳，獸首造型生動。匜口的另一端爲獸形鋬，口沿外側爲一鋪首銜環。匜腹較深，小平底，矮圈足。流下腹部有一環。腹部飾兩周凸繩紋，其間飾變形龍紋，腹下部爲蟠龍三角紋。圈足沿上飾絡紋。

（冀艷坤）

一三四　鳥首高足匜

戰國早期

通高一五·七、口長一一·九、口寬一五·三厘米

一九五二年河北唐山賈各莊出土

中國歷史博物館藏

器身橢圓，圜底。流作鳥首形，頸部有一周幾何形繩索紋及羽狀紋，雙耳突出，尖喙凸睛，傾水時喙上半部可開啓。腹部飾有變形繩索紋及鱗羽紋。腹內鑄有兩個鴨形紋，鴨首與流同向。鋬與流相對，作回首鳥首形。腹下設三個獸蹄足，足部較長，上端鑄有獸面紋。流、鋬、足皆爲事先鑄成，而後鑄接于器身，然鑄痕不顯。出土時流內尙存範土，可見此器未曾使用過。（辛立華）　攝影：王　露

一三五　鳥首高足匜

戰國早期

高一六·五、口徑一一—一四·九厘米

一九七〇年河北唐縣北城子出土

河北省文物研究所藏

流作鳥首形，首頂部一軸，喙部可以啓合。頸部刻羽狀紋。匜體橢圓，尾部有一鳥首形環柄。器兩側各飾一鋪首銜環。圜底下接三蹄足，前二後一，足細高，足根部飾獸面，原嵌有綠松石，已失。（劉超英）

一三六　『左行議率』戈

戰國中期

長二一·六厘米

一九七〇年河北易縣出土

河北省文物研究所藏

前鋒作弧形尖削。胡與援幾乎相等，上有三穿。長方直內。援刃小，不鋒利，中脊不突出。胡上一面刻有銘文五字『左行議率戈』。內尾一面刻飾馬紋，馬作奔騰狀，另一面紋飾模糊不清。（劉超英）

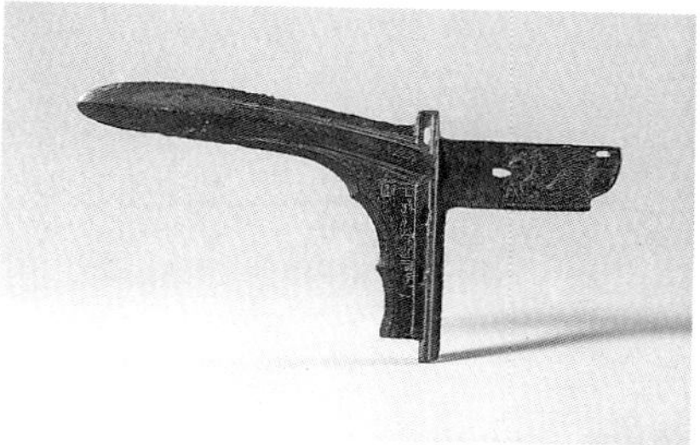

一三七　燕王職戈

戰國晚期
全長二七、高一三、援長一八、內長九厘米
一九六七年遼寧北票東官營子出土
遼寧省博物館藏

形體較大，中脊略隆起，兩旁有溝；胡刃有弧曲三，闌內三穿，直內一穿，內隅一穿，內上有虎形紋；銘文在胡上，共七字。

（張震澤）

一三八　嵌綠松石柄短劍

春秋晚期
通長三〇・五、柄長一二厘米
一九五五年河北懷來大古城出土
河北省文物研究所藏

劍首呈圓弧形，扁方莖，中空。莖上鏤雕幾何形圖案，上下兩面的雕飾相互對應，間飾較密集的嵌有綠松石的小圓柱。劍格兩角外展，葉作長條形，中起脊，剖面呈菱形。該劍工藝考究，是少見的珍品。

（劉超英）

一三九　鏤空樓闕形方飾

戰國晚期
通高二二厘米
一九七〇年河北易縣燕下都東貫城出土
河北省文物研究所藏

此器呈方柱式樓闕形。下端爲方柱，中空，柱下端有對應的兩個小孔。方柱四周鏤空，浮雕各式人物共計六人。方柱上端飾兩周凸棱。樓觀在方柱之上，爲四阿頂透空閣樓，閣樓中一人端坐幾上，在他的左、右、前三側面的靠柱處，分別浮雕一人像，姿態各异。樓頂有飛鳥雲龍。整件器物造形奇特、玲瓏剔透。

（劉超英）

一四〇　銅人

戰國晚期

高二五・八、肩寬一三・〇五厘米

一九六四年河北易縣燕下都高陌村出土

河北省文物研究所藏

銅人直立，雙手前舉，捧一筒狀物。修目闊鼻，顴骨較高，嘴微張，顏面微揚。髮分中縫，上梳，髮紋清晰。頭戴一巾，垂于腦後，頂部以帶相壓套于頷下。身著右衽窄袖長袍，下垂至地不露足。後領方口，後頸及背上部袒露在外。腰間繫帶，腰前有一帶鈎連接腰帶兩端。

（冀艷坤）

一四一　象形燈

戰國晚期

高一一・五、長一四・五厘米

一九六七年河北易縣燕下都武陽台出土

河北省文物研究所藏

此燈整體造型渾厚優美。象呈站姿，鼻高卷，口微張，象牙從嘴角伸出，腮略鼓，雙目圓睜，耳下垂。肥腹寬臀，兩胯隆起，卷尾向下，四足粗壯。象背承一燈盤。腹部右側有銘文三字。

（冀艷坤）

一四二　交龍紋車轄、車軎

戰國早期

軎長六、內端徑八・二、外端徑五、轄長八・六厘米

一九八二年三月北京順義縣龍灣屯出土

北京市文物研究所藏

軎外端置一周凸棱，軎身中部飾一周交龍紋，軎兩側棱內有長方形對穿二轄孔。二車軎各配有一轄，其一轄端浮雕高鼻怒目的人面，另一轄端浮雕獸面。當轄穿入軎的轄孔後，與轄孔處浮雕的獸身和獸尾合弁，就分別組成整體的人面獸身和獸面獸身形象。車軎造型新穎，獨具一格，其人面、獸面轄在戰國車飾中實屬罕見。

（程瑞秀）

一四三　立鳳蟠龍大鋪首

戰國晚期
長七四・五、寬三六・八厘米
一九六六年河北易縣燕下都老姆台出土
河北省文物研究所藏

鋪首爲獸面銜環。獸爲寬眉鼓目，鋸齒形鼻，嘴角有鋒利的鈎牙，口下銜八棱形半環。獸面額中部浮雕一鳳，翹首展翅而立。鳳身左右各飾一蛇，鳳翅被蛇身纏繞，鳳爪擒住蛇尾。獸面兩側邊緣浮雕向上盤繞的蟠龍各一，左右對稱。環上亦浮雕左右對稱的蟠龍紋。此器造型巨大、紋飾優美，且出土于燕下都宮殿遺址，應是宮門上的飾物，由此可以想見燕下都宮殿規模之宏偉。

（冀艷坤）

一四四　中山王嚳鼎

戰國中期
高五一・五、寬六五・八厘米
一九七七年河北平山出土
河北省文物研究所藏

蓋頂部等距立三個雲形鈕，子口內斂，腹部稍鼓并飾一道凸弦紋，兩側對稱竪置一對長方環形附耳，底部平緩，接鑄三個粗壯的蹄形鐵足。蓋鈕以下至足部以上共刻銘四百六十九字，是迄今發現的刻銘字數最多的戰國銅器，內容記述了此鼎製作于王嚳十四年以及燕王噲讓位相邦子之而至國破身亡，相邦司馬賙謙恭的美德和伐燕的功績，嗣子應記取吳越相爭的教訓并警惕周圍的敵國等情況，是研究戰國特別是中山國歷史文化的重要材料。銘文刻工嫻熟，字體秀麗，是高超技藝與銳利工具相結合的產物。

（劉昀華）

一四五　交龍紋鼎

戰國早期

通高三三、口徑三三·八、腹深二二·二厘米

一九七〇年河北平山三汲訪駕莊出土

河北省博物館藏

此鼎覆蓋，半圓形蓋上布列三個半環形鈕，器身爲鼓腹，圜底，附耳，三足中空呈蹄狀。花紋繁縟，蓋面中心飾雲雷紋，外三周皆飾交龍紋，周間隔以寬帶。器身花紋有頸帶、腹帶兩層，中間以凸起的絡紋相隔，頸帶與腹帶上部爲交龍紋，腹帶下部爲雲雷蕉葉紋。

（張　慧）

一四六　三犧鼎

戰國中期

通高一一·七、口徑九·一、腹徑一五厘米

一九七六年河北平山出土

河北省文物研究所藏

器蓋上三鈕爲三隻橫向而臥的小獸，蓋中心飾雙環形卷雲紋，蓋面飾四周橢圓形的鳥形紋。器身扁平底，圓鼓腹，其上部附雙耳，下接三蹄足。腹飾四周橢圓形的鳥形紋，耳面飾絡繩紋，蹄足上部飾獸面紋。該器花紋遍布，顯得精美華麗。

（陳應祺）

一四七　細孔流鼎

戰國中期
通高二一・六、口徑二一、最大徑二八・六厘米
一九七七年河北平山出土
河北省文物研究所藏

平頂立邊形蓋，頂部等距立三個環形鈕。器身子口內斂，兩側對稱豎置一對長方形附耳，腹部稍鼓并飾一道凸弦紋，平底，下部有三蹄形足。在鼎正面一側的上部有一流，流有十個細小的圓孔。鼎內底部有成結晶狀的肉羹。這種細孔流鼎爲首次發現，是燒肉湯的器具，在倒湯時流孔可防止雜物流出。腹部凸弦紋下橫刻銘文五字。

（劉昀華）

一四八　蓋鬲

戰國中期
高一六・七、寬一六・五厘米
一九七七年河北平山出土
河北省文物研究所藏

圓鼓頂，子口蓋，蓋上等距立三個雲形鈕。微侈口，平厚唇，短頸，鼓腹，下部分襠，足呈柱形。器內尚有湯汁的結晶物。

（劉昀華）

一四九　弦紋甗

戰國中期
高六二、寬四四厘米
一九七七年河北平山出土
河北省文物研究所藏

全器由甑和釜兩部分組成。上部的甑爲敞口小折沿，腹下收并飾一道凸弦紋，平底，圈足。腹兩側弦紋處有對稱的獸面銜環鋪首，底部密布細長的箅孔。下部的釜爲直立的子口，頸短而厚并出一平沿，寬斜肩，肩上兩側有對稱的獸面銜環鋪首，腹稍鼓，小平底，矮平圈足，圈足上有三個等距的支釘。甑的圈足將釜的子口套入落在釜頸的平沿上，結構緊密，嚴絲合縫。

（劉昀華）

一五〇　環鈕簠

戰國中期
高一九、長三〇・一、寬二〇・八厘米
一九七七年河北平山出土
河北省文物研究所藏

盝頂形蓋，四角各立一環形鈕，直立邊與器口套合。器身直壁，兩端各有一環形耳，下部內折，平底，四角各有一曲尺形足，兩側足間各有一舌形飾。

（劉昀華）

一五一　方座豆

戰國中期
高二六、最大徑二一・二厘米
一九七七年河北平山出土
河北省文物研究所藏

圓鼓頂蓋，蓋上有盤狀捉手，蓋口平整，與豆口相吻合。豆子口，兩側各有一環形耳，鼓腹，圜底，圓束腰柄，方形座，座上刻銘五字。豆內尚有肉羹殘跡。

（劉昀華）

一五二　平盤豆

戰國中期
高二五、寬一九厘米
一九七七年河北平山出土
河北省文物研究所藏

平頂直角立邊圓形蓋，蓋頂等距立三個雲形鈕。盤極淺，平底直壁。細長柄，喇叭形座。

（劉昀華）

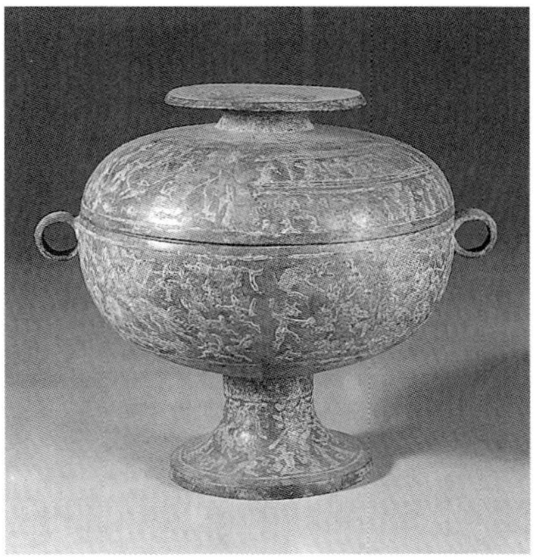

一五三　宴樂狩獵紋豆

戰國早期
高三〇・七、寬一八厘米
一九八一年河北平山出土
河北省文物研究所藏

豆爲子母口，蓋呈覆豆狀，頂有圓捉手。器腹上部有對稱的環耳兩個，深腹，喇叭形圓座，豆柄實心。捉手頂面、蓋面、器腹、柄座上均有凸起狩獵紋飾。兩環耳飾花葉帶紋。器蓋上飾兩組相同的狩獵侍宴圖，圖中繪一座兩層樓台，旁有飛雁，下有游魚。器蓋圖案的人物除吹笙和弋射者外，皆著衣裙，髮式爲角髻，均爲女性。豆腹鑄有兩組相同的狩獵圖，獵者大多數爲半裸男性，其中有二獵者頭戴鳥形帽，身著羽衣，僞裝成動物，正在追獵或與野獸進行搏鬥，圖中央有一牛首人身者似在指揮群獸與人相搏。豆座上也有兩組相同的採集狩獵圖案。以上四組圖案共有人物九十、獸六十三、鳥二十六、魚六，內容十分豐富，是研究戰國時期社會生活的重要資料。

（陳應祺）

一五四　中山王嚳方壺

戰國中期
高六三、寬三五厘米
一九七七年河北平山出土
河北省文物研究所藏

子口盝頂蓋，頂部四坡面各立一雲形鈕，直口平唇，短頸，溜肩，鼓腹，平底，方形高圈足。壺的肩部四角各立一雙目圓睜、張口昂首蜿蜒上攀的翼龍。兩側腹上部各有一浮雕效果極佳的獸面銜環鋪首。壺的四壁刻有長篇銘文四百五十字，說明此壺爲中山王嚳十四年擇燕國吉金製作，告誡嗣王吸取燕王噲讓位引起內亂的教訓，頌揚了相邦司馬賙的忠信和伐燕的功績，闡明了爲君治國之道。對于塡補史籍失載的戰國中山王世系提供了重要依據。

（劉昀華）

一五五　勾連雲雷紋方壺

戰國中期
高四五、寬二二厘米
一九七七年河北平山出土
河北省文物研究所藏

盝頂子口蓋，四個坡面各立一雲形鈕；直口小折沿，短頸，溜肩，鼓腹，平底，方圈足。肩部兩側各有一獸面銜環。壺體棱角周正，線條分明。裝飾全身的不同形式的勾連雲雷紋圖案是在模鑄好紋線的溝槽中鑲嵌紅銅、綠松石并填以藍漆而構成的，使方壺更顯其雍容華貴。器有刻銘，但多已漫漶。（劉昀華）

一五六　𡚱蚉圓壺

戰國中期
高四四·五、寬三二厘米
一九七七年河北平山出土
河北省文物研究所藏

子口圓頂蓋，蓋頂等距立三個雲形鈕；侈口平唇，短頸，溜肩，鼓腹，平底，圈足。肩部兩側各有一獸面銜環，腹部飾兩道凸弦紋。弦紋之間和圈足立壁上共刻銘二百零四字。圈足上的銘文記載了此壺的製作時間、冶鑄機構、監造官名以及壺的重量。腹壁上的銘文是嗣王𡚱蚉爲紀念先王嚳而刻的一篇悼文。除歌頌了先王的慈愛賢明外，還贊揚了相邦司馬賙伐燕取得的戰果。其內容彌補了史料的不足，對研究中山國史至爲重要。（劉昀華）

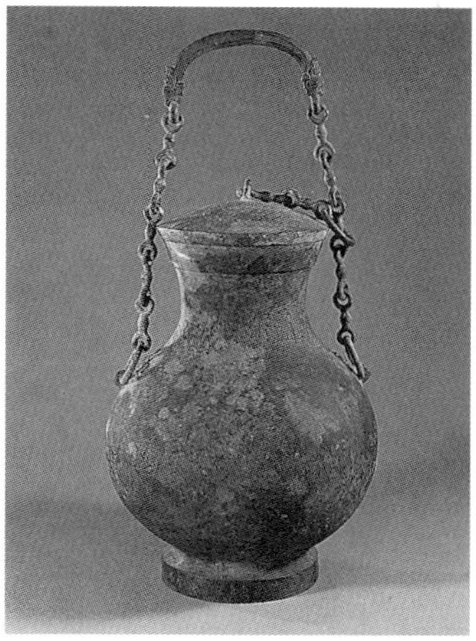

一五七　絡紋鏈壺

戰國早期
通高三五·五、口徑一〇·一、腹徑二二·二厘米
一九七〇年河北平山三汲訪駕莊出土
河北省博物館藏

直口，長頸，鼓腹，圜底，圈足。有蓋，蓋正中及腹下部一側各有半環狀鈕，頸兩側有對稱的半環狀耳，蓋鈕與頸部雙耳由套鑄活鏈連接。蓋面花紋兩周，內周爲獸體卷曲紋，外周爲蟠蛇紋，其間隔以寬帶。腹部飾絡繩紋，圈足飾綯紋。

（張　慧）

一五八　提鏈圓壺

戰國中期
通梁高四四、高三二·六、寬二一·四厘米
一九七七年河北平山出土
河北省文物研究所藏

圓鼓頂子口蓋，器口外侈，頸部內收，溜肩，圓鼓腹，平底，圈足，蓋頂中間有一環鼻連接兩節銅鏈和一圓環。肩部兩側的獸面銜環各連接一條五節銅鏈，兩條銅鏈的上端與龍首璜形提手相接構成提鏈，蓋上兩節銅鏈由其圓環套在提鏈上，以保證器蓋不脫離壺體。圈足上有刻銘，說明其製作時間、製作者及器重。

該壺攜帶方便，具有游牧民族器皿的特點。

（劉昫華）

一五九　雲鈕扁圓壺

戰國中期
高四五·九、寬三六·五厘米
一九七七年河北平山出土
河北省文物研究所藏

圓鼓頂子口蓋，蓋上等距立三個雲形鈕。侈口，短頸，圓弧肩，肩部兩側各有一獸面銜環。器體前後扁平，左右呈弧形；腹部起棱構成圖案，內爲橢圓形，外似桃形；下接長方形矮圈足。

（劉昫華）

一六〇　鳳首提梁盉

戰國中期
高二三・一、寬二二・六厘米
一九七七年河北平山出土
河北省文物研究所藏

圓鼓頂子口蓋，直口窄折唇，寬肩，扁圓形鼓腹，腹中部飾寬帶狀凸弦紋，平底，外底部有圈足狀凸環，三蹄形足。提梁呈弓形，兩端龍首吻接于兩肩。蓋頂正中一環鈕連接兩節銅鏈，鏈另一端的大圓環套在提梁上以防盉蓋脱離器體。流位于肩部，在提梁一端的正下方，爲一昂首張口，展翅欲飛的鳳鳥形象。該器造型規整，美觀大方。腹部凸弦紋上下有刻銘二十字。

（劉昀華）

一六一、一六二　編鐘

戰國中期
最大者高三一・六、寬一九・二厘米，最小者高一二・二、寬七・三厘米
一九七七年河北平山出土
河北省文物研究所藏

一套共十四件，鐘均呈扁圓筒狀，但形體依次縮小。鈕爲下寬上窄的梯形，舞近似橢圓形，鉦部有篆二層幷飾以渦卷紋，篆兩側各有乳狀枚三個，鼓部飾變形的蟠蛇紋。兩銑垂尖，于邊呈弧形，唇厚于器壁。因鑄造精良，在內唇中間部位少見調音時的銼磨現象。編鐘音質悠揚清越，反映了中山國音樂藝術的成就。收錄者通高分别爲三一・六和二二・一厘米

（劉昀華）

一六三　中山侯鉞

戰國早期
長二九·四、寬二五·五厘米
一九七七年河北平山出土
河北省文物研究所藏

鉞刃部爲圓弧形。中部有一圓孔，偏闌一側飾有變形雷紋和三角形雷紋，兩肩各有一長方形穿。內爲橫長方形，上飾變形雷紋。在孔刃之間豎刻銘文兩行十六字，記中山侯作此軍鉞以警示民衆之事。鉞本爲權力象征的兵器，輔以古樸莊重的紋飾，更顯其威嚴的氣勢。此鉞名『釪』，爲鉞的定名增加了新的資料。

（劉昀華）

一六四　鳥柱盆

戰國中期
通高四七·五、直徑五七厘米
一九七七年河北平山出土
河北省文物研究所藏

盆爲折沿，直壁，平底。下有束腰圓柱承托，柱下是圓形圈座。盆內底部中間趴伏一鱉，背上馱一圓柱。柱頂有一鳥，形似展翅飛翔的雄鷹，長頸斜扭，頭頂三羽冠，雙目仰視，作張嘴鳴叫之態，其喙長大，幾占頭部五分之三，雙爪下攫糾結着的雙蛇頭部。鳥下連一筒狀鋬，將鱉背上的圓柱整個套在裏面，使鳥可以隨意轉動。盆外壁飾有等距相對的四隻同樣飛鳥，均頸掛吊環，作回首狀，與盆中之鳥相呼應，造型巧妙別致。圈座上所飾四組鏤空蟠龍爲鱗皮裹身，每組爲二龍糾結，口銜圈足，尾連束腰圓柱。二龍間出一小龍，後連雙龍，口銜圈足。兩組間連一卷曲之蛇，相鄰二龍以爪抓蛇，布局嚴謹。該器雖爲分鑄焊接，但外表却渾然一體，顯示了高超的製造工藝。盆內有盛水的痕跡，盆中之鱉表示在水底，飛翔之鳥表示在空中。鳥抓雙蛇仰天鳴叫，應有除惡祈祥之意。立壁有刻銘十字，記載了作器時間及監造官。

（劉昀華）

一六五——一六七　錯金銀四龍四鳳方案

戰國中期
高三六・二、寬四七・五厘米
一九七七年河北平山出土
河北省文物研究所藏

案框爲正方形，由四條神龍頭頂斗栱支撑，斗栱爲仿木結構建築形式。底座呈圓環形，由兩牡兩牝四隻梅花鹿等距環列側臥承托。矯健的神龍昂首挺立于底座之上，頭前探如龍吟之勢，其頸修長，胸下身分左右迴轉上卷，反勾其雙角，肩生雙翼向中間聚集成半球形，以保證外伸龍頸的支撑力。龍尾繞結的連環處各有一振翅欲飛的鳳，鳳頭鳳爪從連環中伸出，兩翼、長尾則交叉在連環之後，大大豐富了方案的裝飾結構。整個几案是各部分鑄後鉚焊成一體的。几案結構複雜，紋飾華麗，造型優美，實爲驚世之作。而其中的鹿、龍、鳳、斗栱及錯金銀工藝，則集中體現了中國傳統文化的特點。（劉昀華）

一六八、一六九　犀足筒形器

戰國中期
高五八・八、寬二四・五厘米
一九七七年河北平山出土
河北省文物研究所藏

三犀牛爲足，承托一平底直壁筒形器。筒壁遍飾以細雷紋爲地的變形蟠蛇紋，中腰環一道寬帶，寬帶上方兩側各有一獸面銜環鋪首。三犀形狀相同，各以其背承托筒形器。犀額上有一彎曲的角，偶蹄，短尾，除口鼻部飾鱗紋外，周身均飾以卷雲紋。犀頭扭向外側，四肢外撇撑立，保證了重心的穩定，堪稱造型藝術上的傳神之作。筒壁爲多塊範渾鑄，犀足分別鑄成後再與器身焊接固定，顯示出高超的焊接技術。筒形器下邊横刻銘文五字，記載了製作者的姓氏。（劉昀華）

一七〇　錯銀雙翼神獸

戰國中期
高二四、長四〇厘米
一九七七年河北平山出土
河北省文物研究所藏

神獸昂首側扭，圓頸直豎，前胸寬闊，兩肋生翼，上飾長羽紋，臀部渾圓，足如鋼鈎，後尾斜垂呈花鞭狀，飾以羽片和長毛紋。全身錯銀，勾勒出卷雲紋爲主題的裝飾。獸頭部額中有一角後彎，雙睛凸出，利齒交錯，長舌上伸，似在咆哮。翼獸集威武勇猛、矯健敏捷于一身，具有極強的魅力。工匠能將想象中的動物刻畫得如此活靈活現，不能不令人驚嘆。

（劉昫華）

一七一　鑲金錯銀犧尊

戰國中期
高二八、寬一六厘米
一九七六年河北平山出土
河北省文物研究所藏

器爲錯銀錯紅銅鑲金鑲綠松石犧尊。犧尊直立，口張爲流，眼鑲松石，雙耳直豎，頸戴項圈，圈飾金泡；胸肌強健，肚腹圓鼓，四肢粗壯，尾巴下垂。其背部設活頁蓋，蓋作浮游天鵝形。天鵝回首啄羽，神態安祥，富有生氣。該器通身鑲錯雲頭紋飾，更顯精美。

（陳應祺）

一七二　錯金銀虎噬鹿插座

戰國中期
高二一・九、長五一厘米
一九七七年河北平山出土
河北省文物研究所藏

通體爲一隻斑斕猛虎。虎身軀渾圓，向右弓曲呈S形，虎背的後部和頸上各立一飾獸面的長方形銎，銎內尚存有木榫。虎頭部兩耳直豎，雙目圓睜，巨口開張，咬噬着一隻小鹿。掙扎的小鹿嘴唇半張，似在哀鳴；其脖頸低垂，腿部蜷曲，一副孤弱無助的神態，與猛虎的矯健凶狠形成了鮮明的對照。虎的前爪因攫鹿懸空而以鹿腿作爲支撐，顯示了工匠的巧妙構思。整器嵌錯精美花紋，熠熠生輝。虎鹿刻畫細膩，比例準確，形象逼真，可謂我國古代寫實藝術品中的傑作。（劉昀華）

一七三　錯金銀犀形插座

戰國中期
高二二、長五五・五厘米
一九七七年河北平山出土
河北省文物研究所藏

犀身正立，通體渾圓粗壯，腰部下弓，背馱一飾獸面的長方形銎，銎內尚存木榫，尾長而挺直，四腿微屈，偶蹄，重心較低，顯得平穩有力。頭稍上揚，嘴微張，兩耳直豎，雙目圓睜并在眉骨上飾以金片，更顯得炯炯有神。在頭頂、額、鼻上各豎一角，上下排列，并用細密的金線來表現角的犀利堅硬。頸部飾有用金線銀片構成的項帶。犀身遍飾黃白相間的渦卷雲紋，紋飾簡明而華麗。（劉昀華）

一七四　錯金銀牛形插座

戰國中期
高二二、長五三厘米
一九七七年河北平山出土
河北省文物研究所藏

牛身正立，通體渾圓粗壯，背馱一飾獸面的長方形銎，銎內尚存木榫，尾長直，四肢斜撑，偶蹄，頭部微昂，口鼻朝前，雙目圓睜并以金線勾畫眼框、眉骨，兩耳側立，頭頂有一對內曲扁長的角。周身飾以細金線勾邊、寬銀線爲主的卷雲紋。紋飾簡潔明快。

（劉昀華）

一七五　銀首人俑燈

戰國中期
高六六·四、寬五五·二厘米
一九七六年河北平山出土
河北省文物研究所藏

銀首人俑燈由人俑座、蟠螭杆和燈盤組成，爲三盤九釺燈。俑首用銀鑄成，爲一男性青年形象。其髮型優美，髮絲細密光滑，髮頂蓋一方巾壓住髻，巾帶在右耳側上部打一花結，繫巾纓帶結于頷下。俑首雙目鑲黑寶石，嘴上髭鬚短密整潔，面帶笑容，昂首而立。俑身穿雲紋鑲邊右衽寬袖長袍，腰繫寬帶，由帶鈎扣聯，雙手各握一螭，立于獸紋方形座上。由三螭連接三個燈盤，右邊燈杆上飾蟠螭戲猴，猴子順杆上爬而又回首下望蟠螭動靜，形象十分生動。杆頂上置一燈盤，使此盤爲高燈。爲保俑燈平穩，人俑左手所握之螭伸向前側，螭口托置中燈。下一蟠螭則盤臥于下燈盤中央，昂首咬托上螭之腹以作支撑。由此組成的上中下三個燈盤，點燃後上下通明，光照俑目，寶石即閃閃發光，呈現出雜技藝人玩蛇耍猴的景象。

（陳應祺）

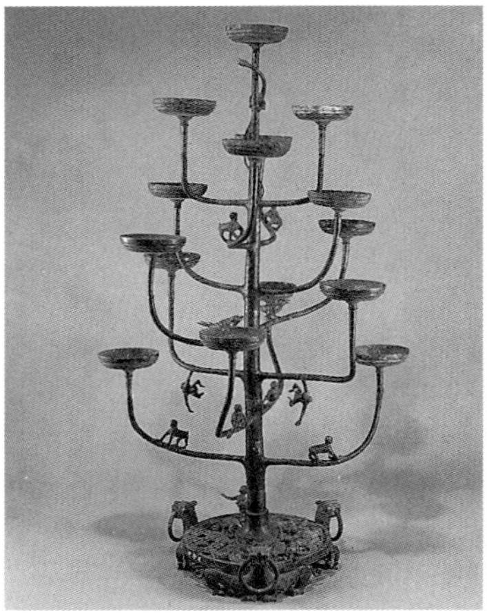

一七六　十五連盞燈

戰國中期
高八二·九、座徑二六厘米
一九七七年河北平山出土
河北省文物研究所藏

燈體如樹，由燈座和七節燈架構成，每部分以形狀各异的卯榫相連接。燈座平面呈圓形，飾有三條彎曲成S形的鏤空翼龍，座下有三隻等距環列的雙身虎承托全器。座上立兩個赤膊短裳的家奴，正在向上抛食戲猴。燈枝高低錯落，枝頭各托一圓形燈盞，枝間小鳥栖息，群猴嬉戲，神龍向上蜿蜒游弋。整個燈台映出了一幅情趣盎然的畫面，折射出先人的智慧和傑出的創造力。　（劉昀華）

一七七　簋形燈

戰國中期
高一五·二、徑二〇·六厘米
一九七六年河北平山出土
河北省文物研究所藏

簋形燈外形呈圓形，圈足座，器身及器蓋飾凹弦紋。蓋頂端設鈕，鈕口內插入燈盤活動支柱，柱端套一圓環。器身一側爲開閉蓋盤的合頁，另一側爲鋪首銜環。此燈不用時可將蓋盤扣合，將支柱横倒，其環和鋪首之環恰好相合，可掛可繫。點燃時將蓋盤翻開放平，蓋端支柱則自然下垂承托簋蓋燈盤，由于一側有合頁相連，使燈盤平穩牢固。燈盤中心一釺，可插蠟或纏麻做捻加油點燃。　（陳應祺）

一七八　山字形器

戰國中期
高一一九、寬七四、厚一·二、銎徑一三·五厘米
一九七七年河北平山出土
河北省文物研究所藏

器體呈山字形幷因此得名。頂部向上出三支鋒，三支鋒由下至上漸薄，削尖抹刃；兩側向下內迴轉成透空雷紋；下部中間有圓筒狀銎，器身和銎體爲接鑄，銎體上部扁平，中有凹口緊密而牢牢地卡住『山』字下部正中。爲使迴轉向下的透空雷紋裝飾部分堅固，內側下端有一方片體與銎壁相連接。銎的前後兩側有方形楔孔，銎內還殘存朽木灰。

山字形器與車帳同出，形體大而笨重，不適于安置車上，也不宜于經常移動。推測應爲國王居帳用器，或列于帳前，或設于帳頂之上。該器雄偉莊重，既是王權的象徵，又是中山國之徽標。

（劉昀華）

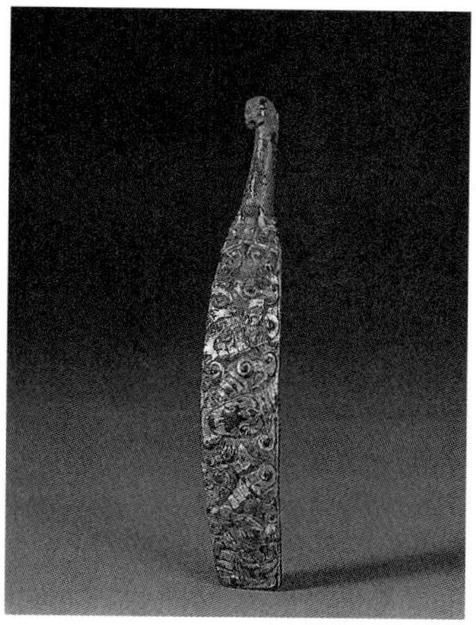

一七九　鎏金獸紋帶鈎

戰國中期
長一九·二、寬三厘米
一九六五年河北平山出土
河北省文物研究所藏

帶鈎呈長方牌形，蛇頭形鈎首。鈎背略顯內凹，中部略偏向鈎尾一側有圓形鈎鈕。通體鎏金，鈎面半浮雕獸紋。前端爲一口銜鈎頸的龍頭。龍卷鼻，鼻兩側有鬚，鼓睛，橫眉，豎角，節狀軀體，有翅，四爪，魚尾。龍身彎曲伏臥至鈎尾。另在鈎體中部雕飾兩條螭龍，與大龍相互交錯纏繞在一起。三條龍的鼻、眉、角、翅、尾等部位均飾極細密的針刺羽紋，餘皆飾針刺點紋。爲表現龍體的強健有力，還在龍身的各個關節處雕飾渦狀紋。這件帶鈎製做精緻，雕工細膩，具有較高的工藝水平。其使用針刺紋和獸紋的裝飾手法與中山王嚳墓出土的金器相同，且出土地點亦在平山三汲，因此應爲戰國遺物。

（劉超英）

8

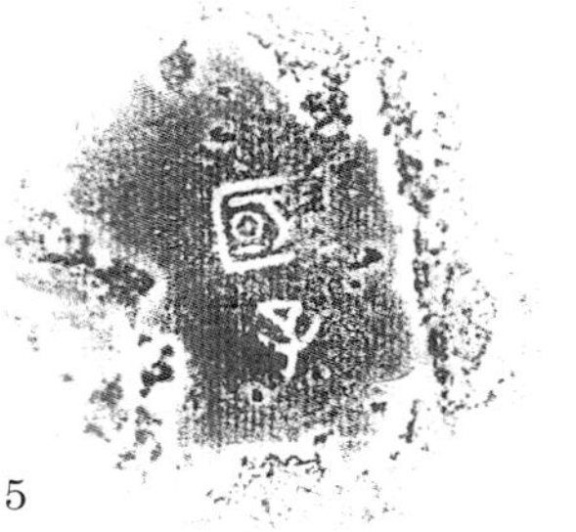

5

12

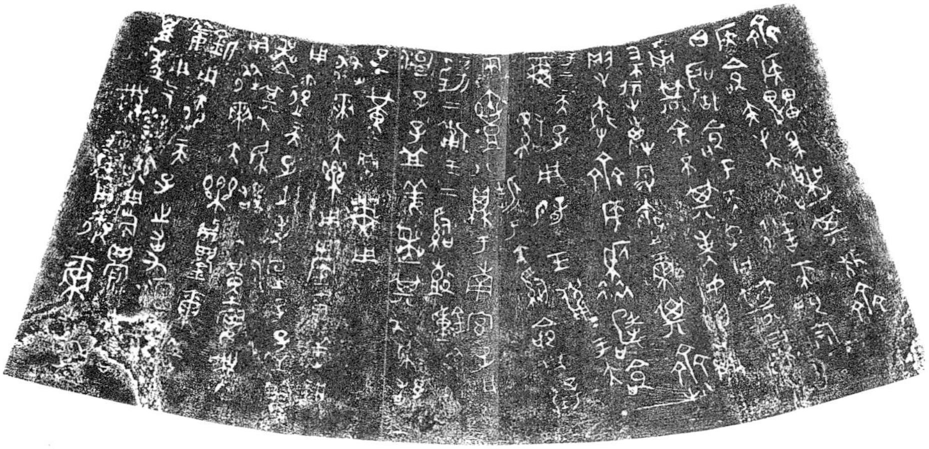

1

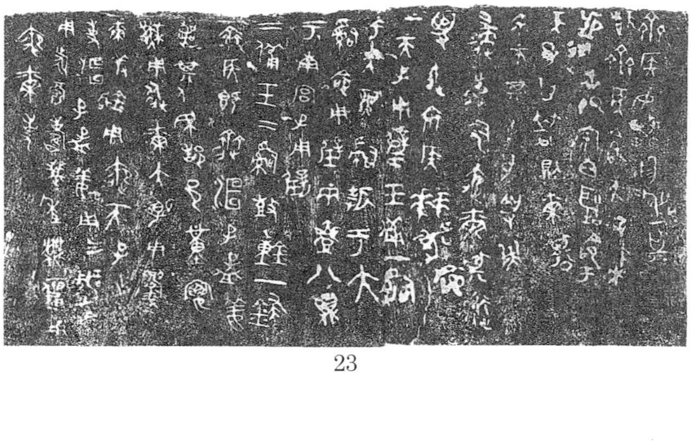

23

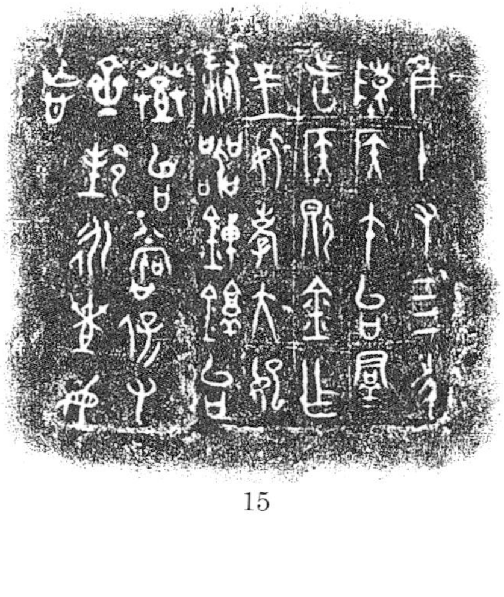

15

本書選錄青銅器銘文拓片

5.國子鼎　8.齊趫父鬲　12.陳曼簠
15.陳侯午敦　23.洹子孟姜壺

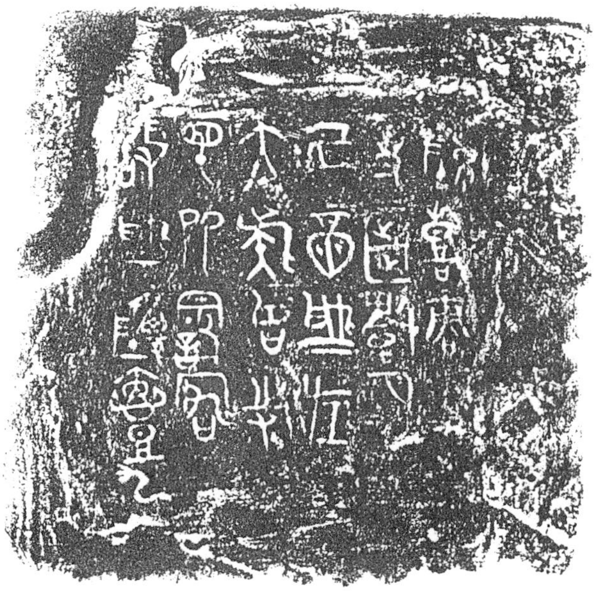
26

25

30

本書選錄青銅器銘文拓片

25.公孫竈壺　26.陳喜壺　30.國差𦉜

37

33

35

本書選録青銅器銘文拓片

33.齊侯盂　35.齊縈姬盤　37.𬴃鎛

43

42

38

44

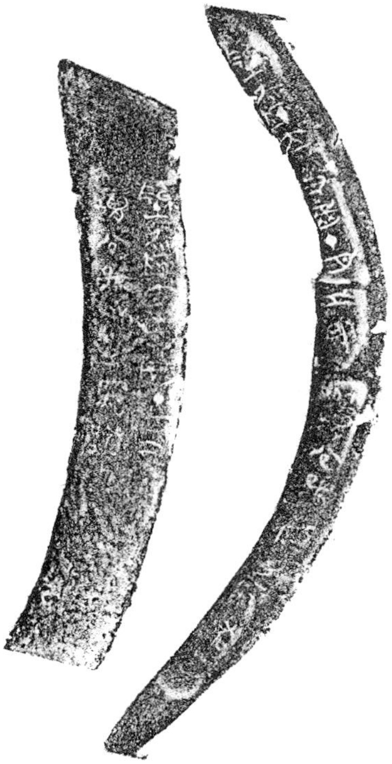

40

本書選錄青銅器銘文拓片

38.莒公孫朝子鎛　40.莒公孫朝子鐘
42.左關鋓　43.陳純釜　44.子禾子釜

50

49

54

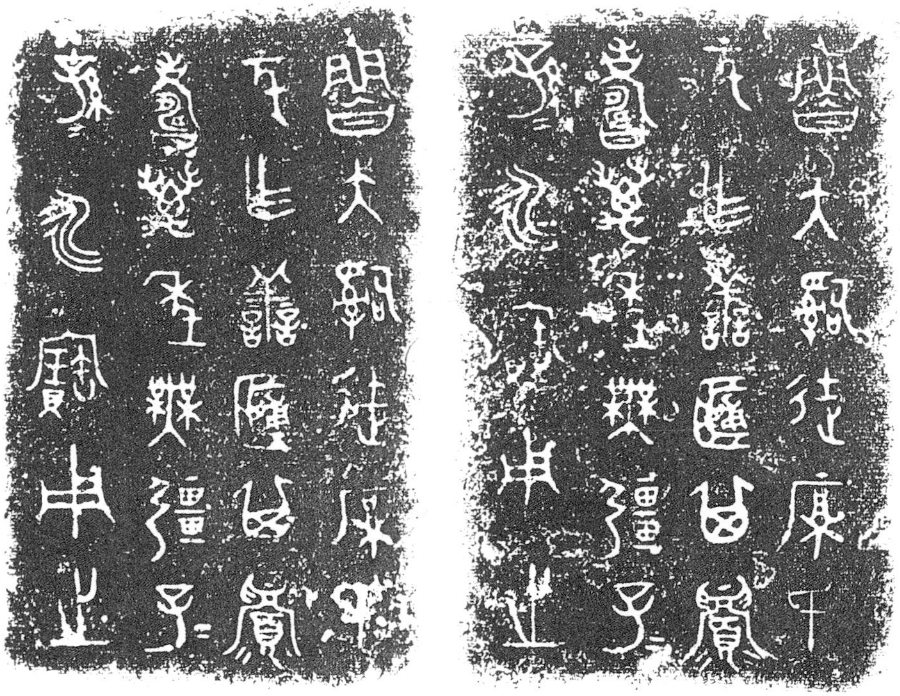

51

本書選錄青銅器銘文拓片

49.魯侯鼎　50.魯伯愈父鬲　51.魯大司徒匲　54.魯伯厚父盤

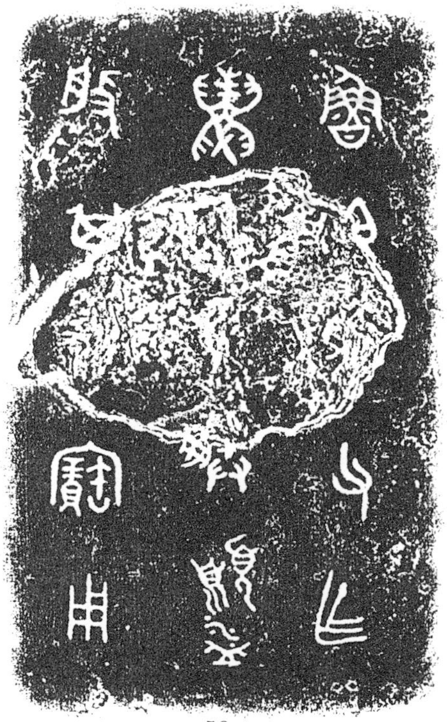

56

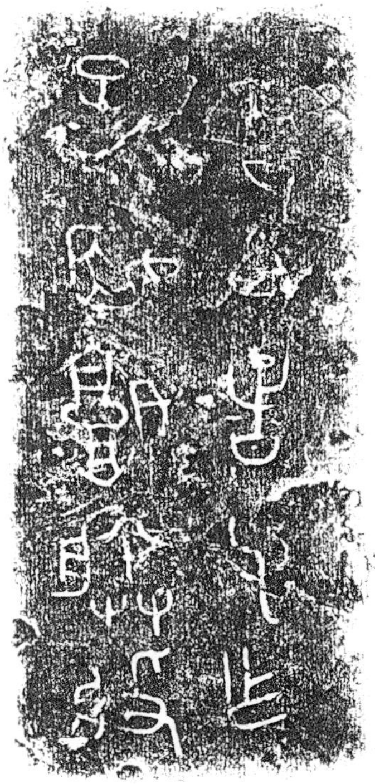

55

59

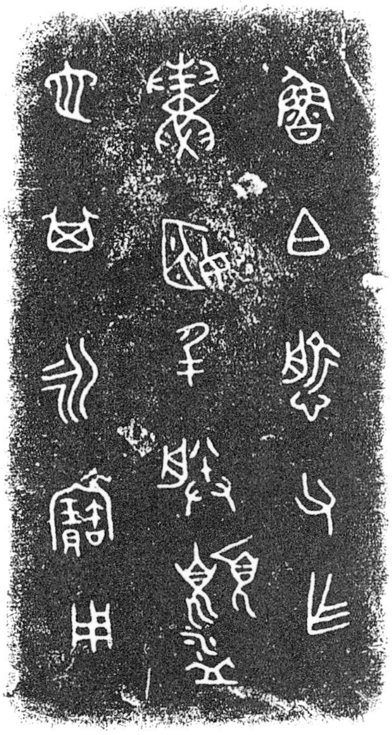

58

本書選錄青銅器銘文拓片

55.魯伯者父盤　56.魯伯愈父盤　58.魯伯愈父匜　59.魯士商𪊲匜

79

76

70

75

82

81

本書選錄青銅器銘文拓片

70.公簋　75.公壺　76.莒大叔瓠形壺　79.費敏父鼎
81.杞伯敏亡簋　82.薛子仲安簠

87

83

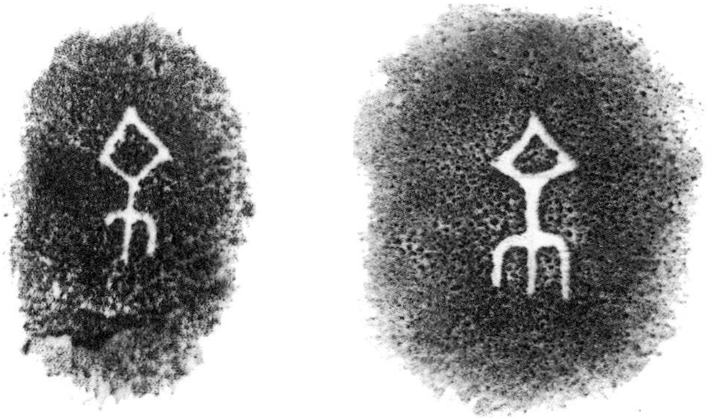

84

本書選錄青銅器銘文拓片

83.杞伯敏亡壺　84.蟠龍紋方壺　87.鄀仲匜

89

88

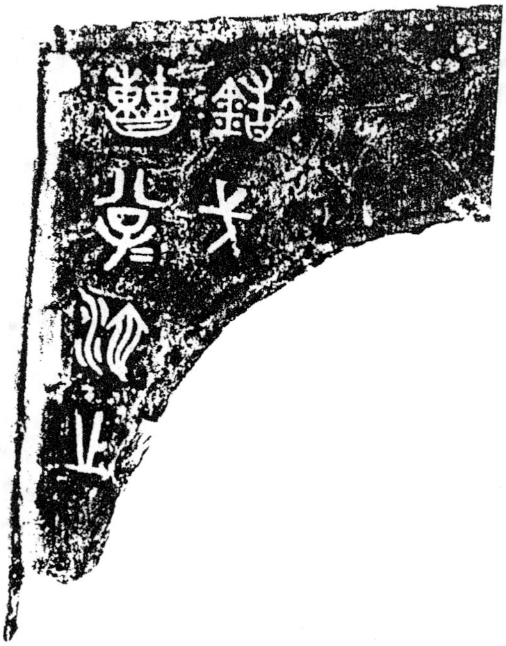

91

90

本書選錄青銅器銘文拓片

88.夆叔匜　89.郳公𨍭鐘　90.郳公鈁鐘　91.曹公子沱戈

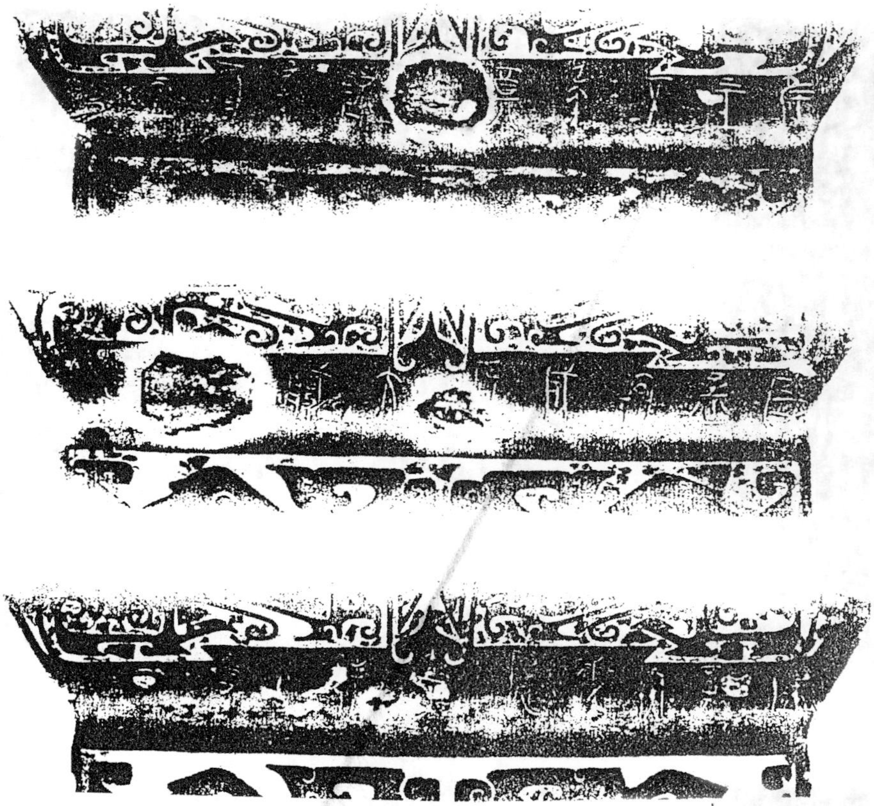

121

111

136

122

本書選錄青銅器銘文拓片

111.勾連雷紋敦　121.陳璋方壺　122.金銀錯銅絲網套壺　136.燕王職戈

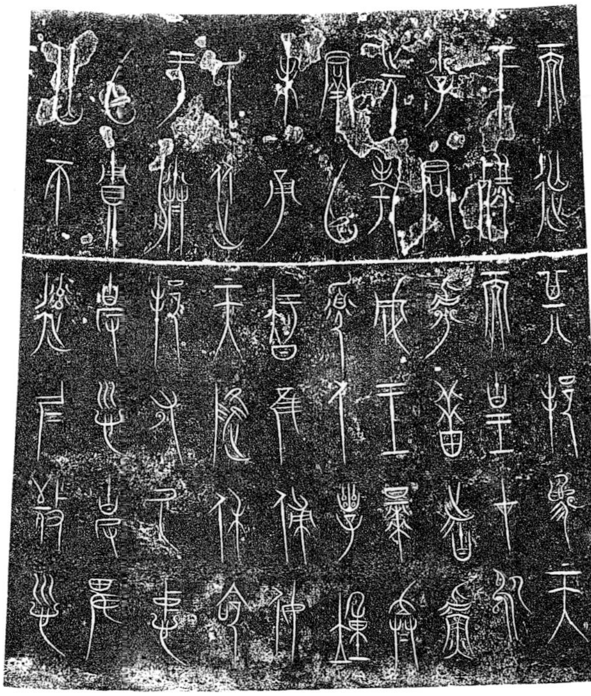

(2)

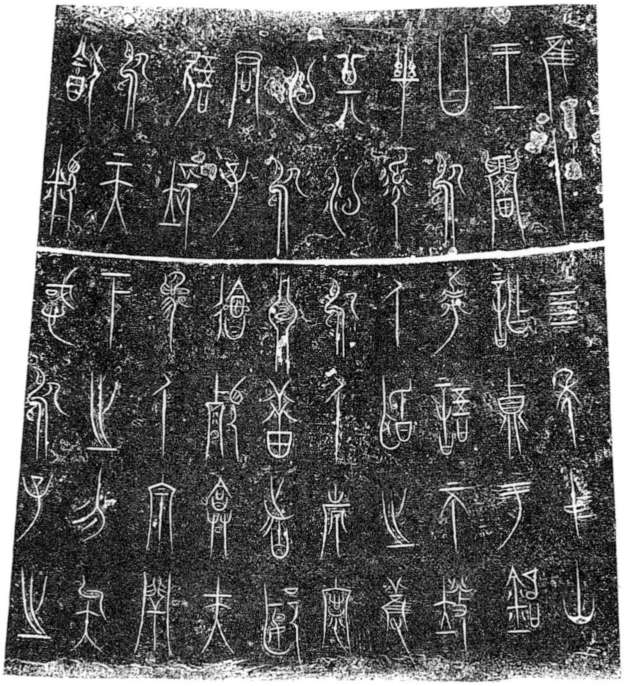

(1)

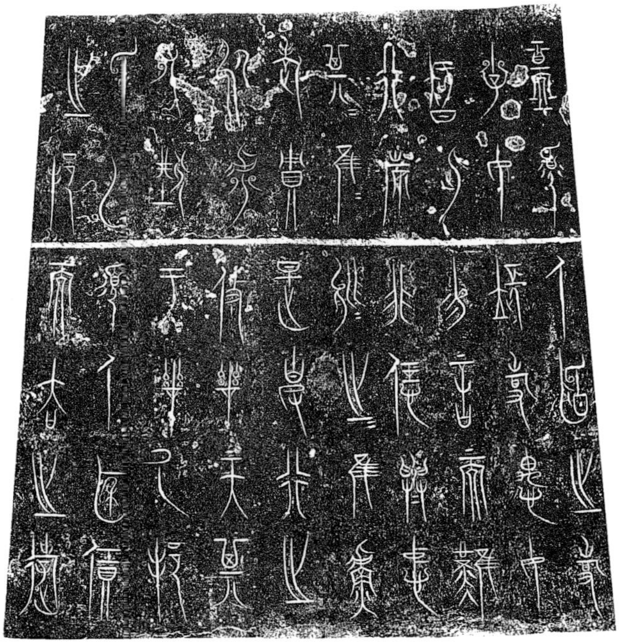

(4)

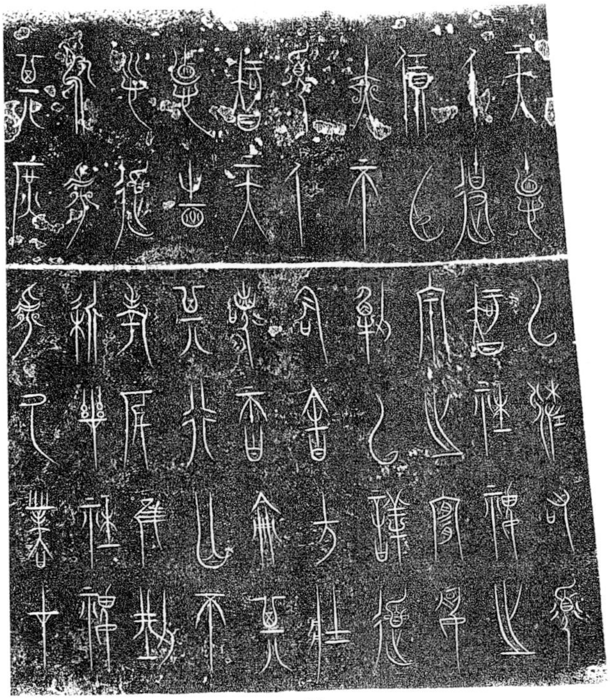

(3)

144

本書選錄青銅器銘文拓片

144.中山王譽鼎

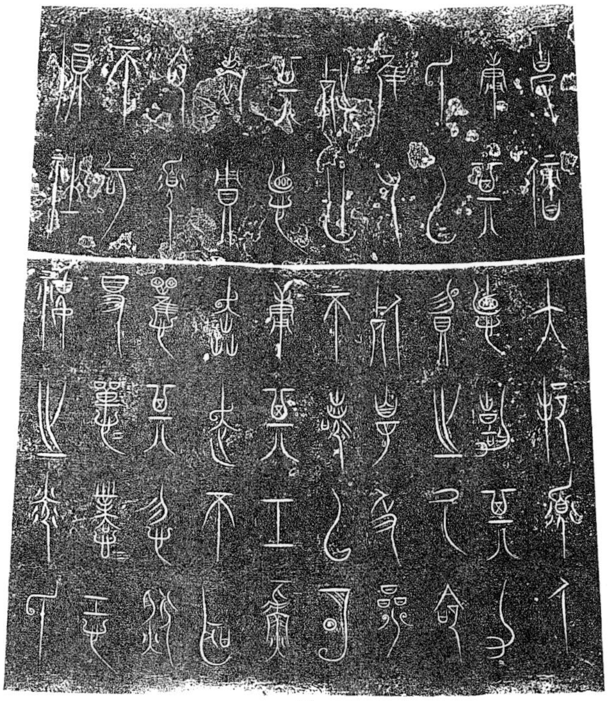

(6)

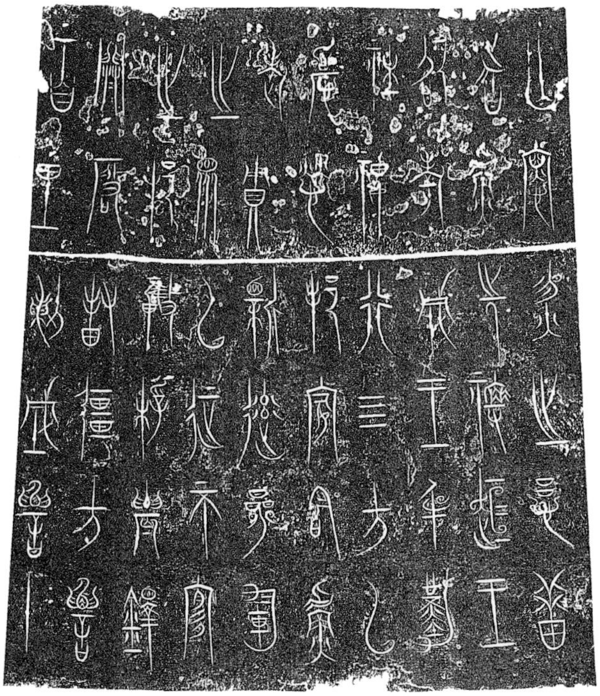

(5)

(8)

(7)

144

(1)

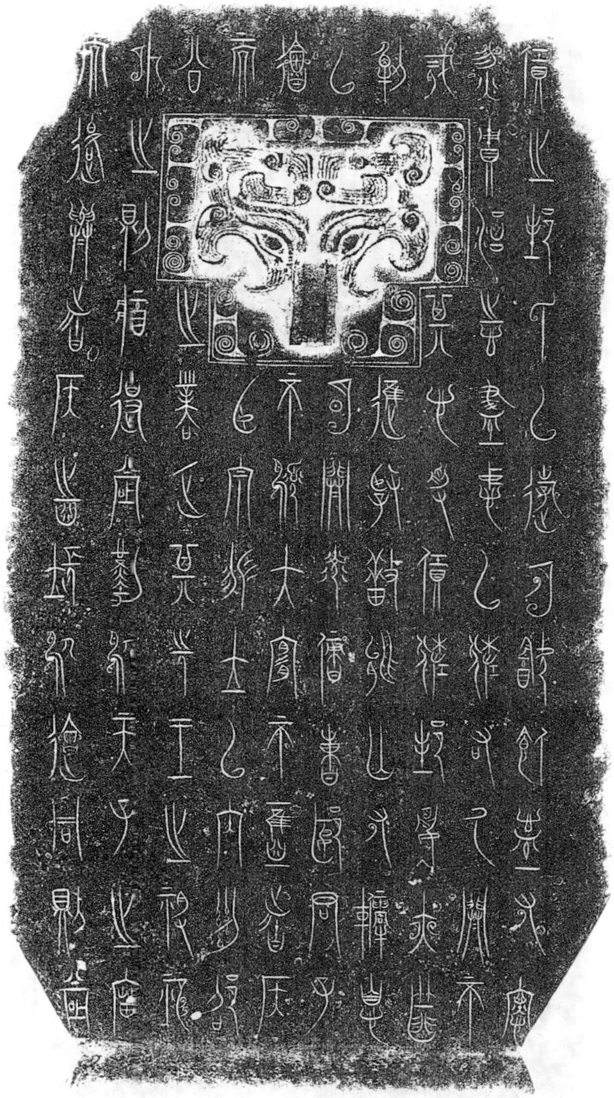

(2)

154

本書選錄青銅器銘文拓片

154.中山王嚳方壺

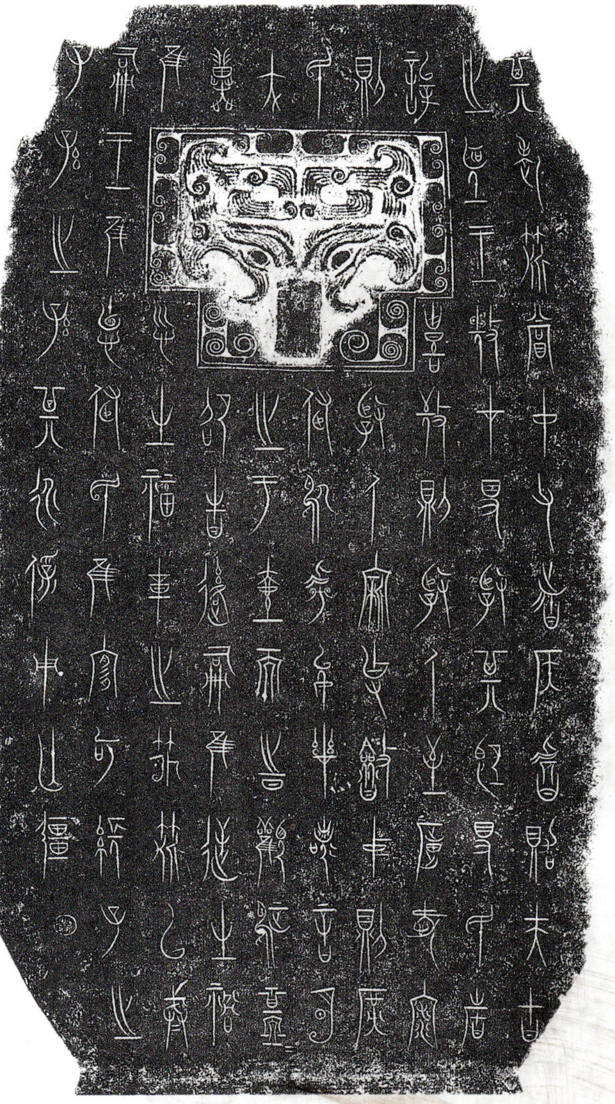

(4)

154

(3)

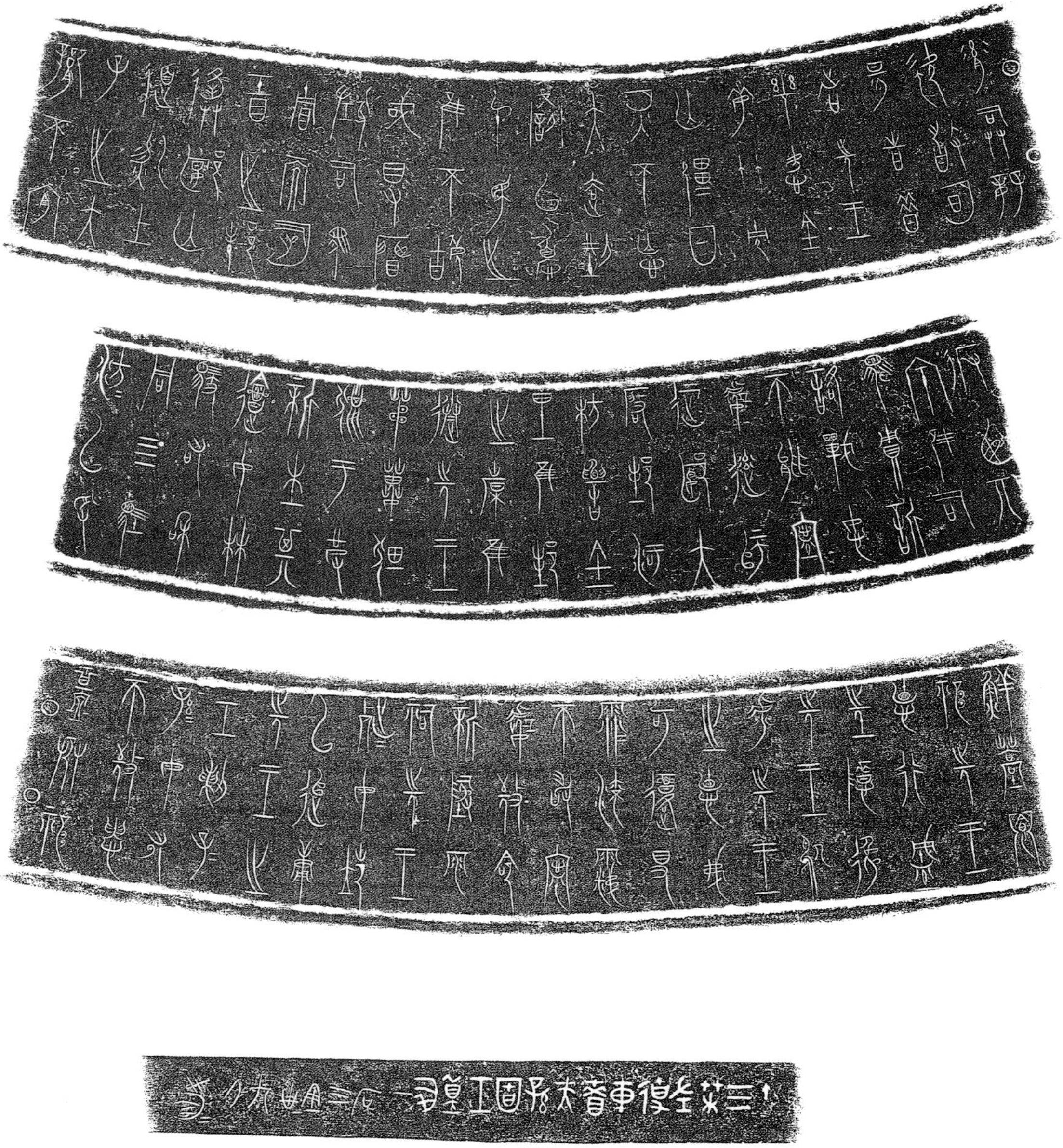

156

本書選錄青銅器銘文拓片

156.好蚉圓壺

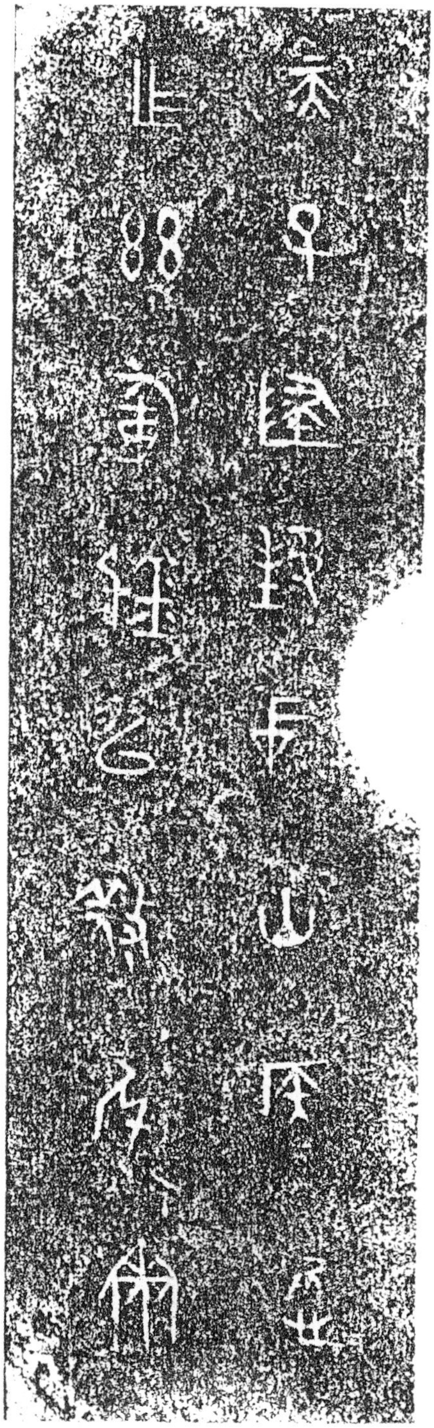

163

中山國青銅器銘文拓片

163.中山侯鉞

春秋時期中原群雄列國圖

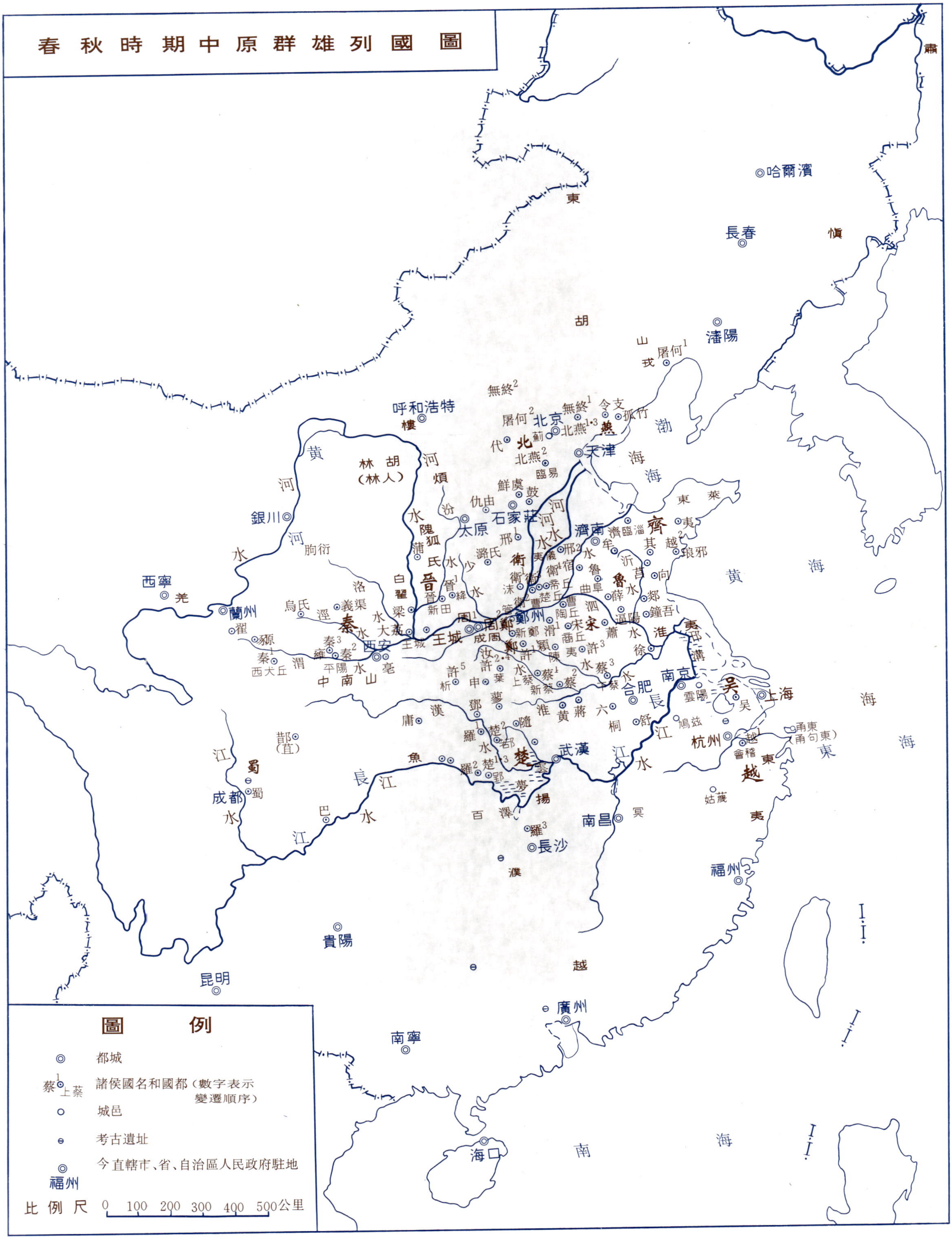

戰國時期中原群雄列國圖

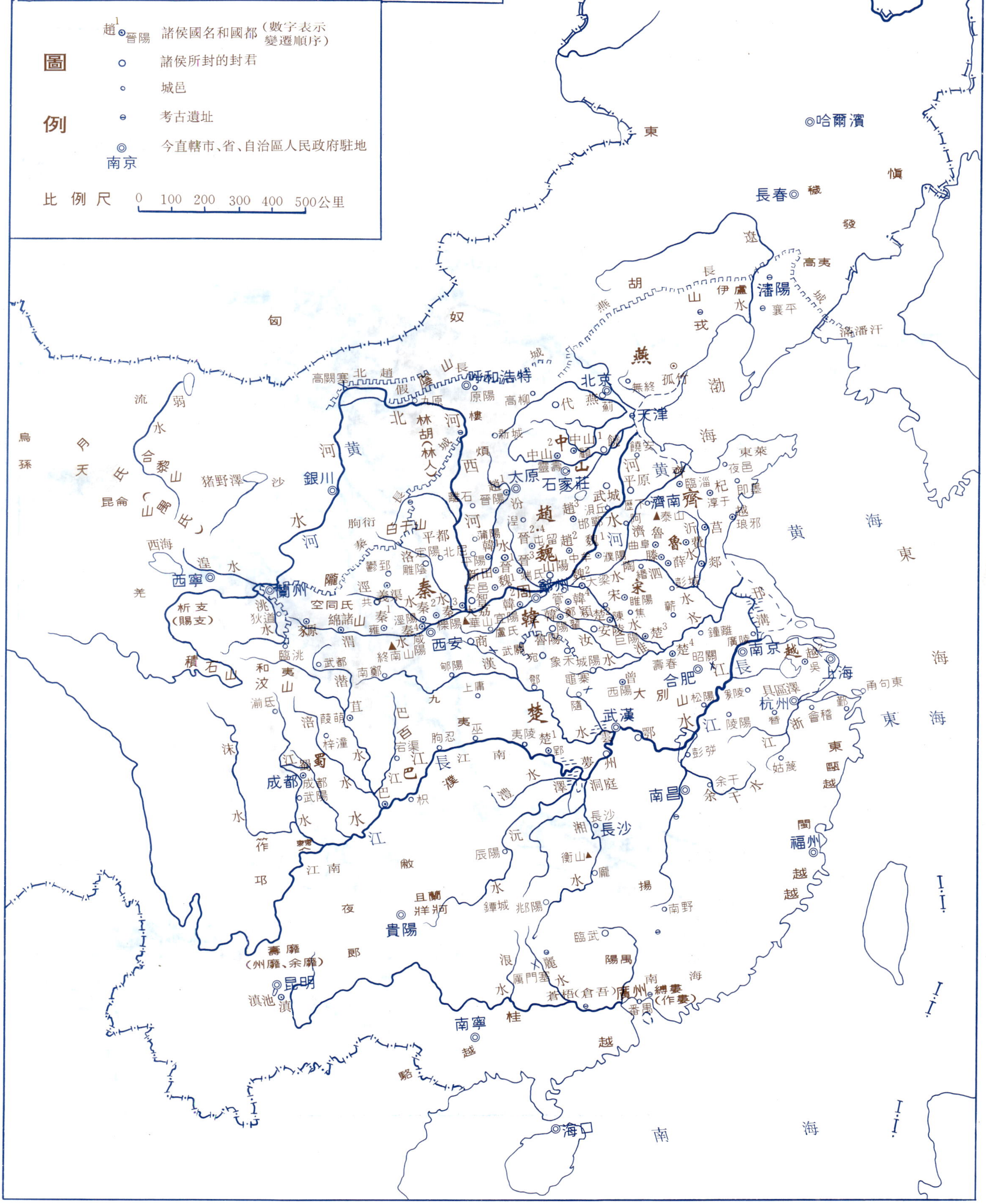

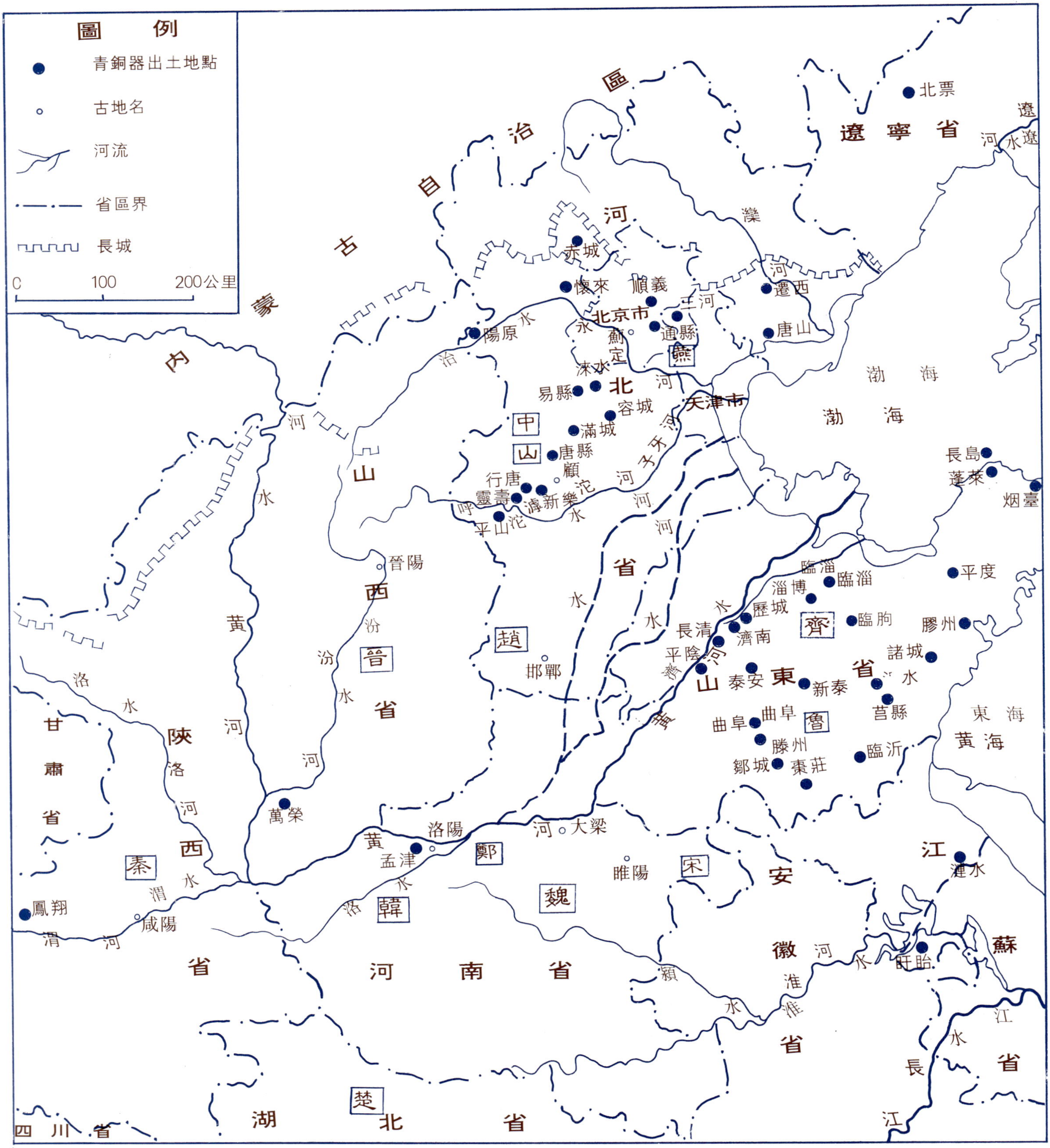

東周齊魯燕中青銅器出土地點分布圖

本書編輯拍攝工作，承蒙以下各單位予以協助和支持，謹此致謝。

故宮博物院
中國歷史博物館
北京市文物研究所
上海博物館
河北省文物研究所
河北省博物館
河北省廊坊市文物管理所
山東省文物考古研究所
山東省博物館
山東大學歷史系
山東省煙台市博物館
山東省泰安市博物館
山東省曲阜市文物管理委員會
山東省曲阜市孔子故里博物院
山東省臨淄齊國故城博物館
山東省淄博市博物館
山東省臨朐縣文物博物館
山東省諸城市博物館
山東省鄒城市博物館
山東省滕州市博物館
山東省平陰縣博物館
山東省莒縣博物館
山東省鉅野縣文物管理所
山西省博物館
遼寧省博物館
遼寧省旅順博物館
南京博物院
河南省洛陽市博物館
台北故宮博物院
美國舊金山亞洲藝術博物館
美國賓州大學博物館
所有給予支持的單位和人士

責任編輯　辰　心
封面設計　仇德虎
版面設計　辰　心
攝　　影　劉小放　孫之常
圖版說明　周　亞　劉昀華　劉超英
繪　　圖　邱富科　魏淑敏　李　淼　韓慧君
責任印製　劉京生　陳　傑
責任校對　華　新

圖書在版編目（CIP）數據

中國青銅器全集.9，東周.3／《中國青銅器全集》編輯委員會編.—北京：文物出版社，1997.12
（2018.12 重印）
（中國美術分類全集）
ISBN 978－7－5010－0944－2

Ⅰ.①中…　Ⅱ.①中…　Ⅲ.①青銅器（考古）－中國－東周時代－圖集　Ⅳ.①K876.412

中國版本圖書館 CIP 數據核字（2013）第 082720 號

中國美術分類全集

中國青銅器全集

第9卷　東周　3

中國青銅器全集編輯委員會編

出版發行者　文物出版社
（北京東直門內北小街二號樓）
http://www.wenwu.com
E-mail:web@wenwu.com

責任編輯　辰　心
再版編輯　張朔婷
排版者　北京迅即印刷有限公司
製版者　蛇口以琳彩印製版有限公司
印刷裝訂者　河北鵬潤偉業印刷有限公司
經銷者　新華書店

一九九七年十二月第一版
二〇一八年十二月第四次印刷

書號　ISBN 978-7-5010-0944-2
定價　三五〇圓